KB179065

하이데거가 들려주는
존재 이야기

하이데거가 들려주는

존재 이야기

ⓒ 조극훈, 2008

초판 1쇄 발행일 2008년 6월 13일
초판 10쇄 발행일 2021년 4월 28일

지은이   조극훈
펴낸이   정은영

펴낸곳   (주)자음과모음
출판등록   2001년 11월 28일 제2001-000259호
주소   04047 서울시 마포구 양화로6길 49
전화   편집부 (02)324-2347 경영지원부 (02)325-6047
팩스   편집부 (02)324-2348 경영지원부 (02)2648-1311
e-mail   jamoteen@jamobook.com

ISBN 978-89-544-0812-7 (64100)

하이데거가 들려주는

존재 이야기

조극훈 지음

주|자음과모음

책머리에

≪하이데거가 들려주는 존재 이야기≫는 철학자 하이데거(M. Heidegger. 1889-1976)의 ≪존재와 시간≫에서 이야기되는 '존재'에 관해 여러분과 함께 생각해 보기 위해 쓰여 졌습니다.

"너는 존재의 의미가 뭐라고 생각하니?"

어렸을 때 어른들이 제게 자주 하던 질문입니다. 그때는 '존재'가 무슨 뜻인지도 모르면서 왠지 멋진 말이라고 생각하면서 되새기곤 했던 기억이 납니다.

지금은 옛날과 달리 이러한 물음을 하는 사람도 그 물음에 대답하려는 사람도 찾아보기 힘듭니다. 모두 바쁘게 살아가고 있기 때문이죠. 왜 이렇게 바쁘게 살아야 하는 건가요?

존재에 대한 물음이 필요한 이유는 현재 우리의 삶을 되돌아보고 좀 더 보람 있게 살기 위해서입니다.

하이데거는 존재를 두 가지로 구분했습니다. 다른 것에 의존하여 살아가는 존재와 다른 것에 의존하지 않고 주체적으로 살아가는 존재가 바로 그것입니다. 다른 것에 의존하지 않고 살아가는 존재는 자신의 존재 의미를 스스로 생각하고 반성하여 이해할 수 있는 존재입니다.

하이데거는 이와 같이 주체적으로 살아가는 존재를 실존이라 정의합니다. 특히 인간은 동물이나 사물과는 달리 존재에 대한 물음을 할 수 있는 실존적 존재입니다.

현대 문명의 수많은 폐해는 이러한 존재 의미를 묻지 않고 소홀히 여기는 데서 발생합니다. 정신의 소중함을 잊어버리고 물질적 풍요만을 추구한 결과라는 말입니다. 존재 의미의 소중함을 되새기는 일이 현대 사회의 여러 가지 문제를 해결하는 실마리가 될 수 있습니다.

그러면 존재의 의미를 찾기 위해서는 어떤 노력이 필요할까요?

물론 하루아침에 가능한 일이 아닙니다. 존재 의미를 찾아가는 것은 여행을 떠나는 것과 같습니다. 과거를 반성하고 현재에 충실하고 미래를 계획하는 일이기 때문입니다. 그러나 한걸음 한걸음 자신의 존재 의미가 무엇인지 찾으려는 확실한 의지와 목표만 있다면, 여러분은 그 여행에서 많은 것을 얻게 될 것입니다.

"여러분의 존재는 어디에 있습니까?"

이 책이 여러분의 존재를 찾는 여행에 좋은 참고가 되길 바랍니다.

그동안 어려운 여건에서 이 책을 예쁘게 만들어 주신 (주) 자음과 모음

식구들의 노고에 깊은 감사의 마음을 전합니다. 저를 아는 소중한 분들과 제 곁에서 항상 힘이 되어 주는 사랑스런 가족과 이 책이 나오는 기쁨을 함께 하고 싶습니다.

2008년 6월

조극훈

C O N T E N T S

프롤로그

"아름아! 너 그거 봤어?"

"뭐? 이중기 오빠가 쇼 프로그램에 나온 것 말이야?"

"응. 진짜 멋있지 않니?"

"그럼, 누구 오빤데~."

"뭐? 그럼 이중기 오빠가 네 친오빠라도 된다는 거야?"

"어제 꿈에도 오빠가 나와 주셨다고. 그리고 그 멋있는 목소리로 '수아야~!' 라고 불러 주셨어. 아~ 너무 황홀했어."

"치, 네가 아무리 그래도 오빠는 내 거야. 난 나중에 오빠한테 시집 갈 거라고."

"아니야, 중기 오빠는 내 거야!"

수아와 난 오늘도 중기 오빠를 가지고 사소한 다툼을 했어. 수아는 중기 오빠가 자기 거라고 우기는데 중기 오빠는 내가 먼저 좋아했단 말이야. 나와 수아는 중기 오빠 때문에 가끔 다투는 일이 있긴 하지만, 세상에 둘도 없는 친구야. 수아는 외동딸이라 형제가 많은 나를 많이 부러워하기도 해. 나는 외동딸인 수아가 부러운데 말이야. 수아네 부모님은 형제가 없는 수아가 외롭지 않도록 신경을 많이 써 주셔. 수야가 되도록 많은 친구들을 사귈 수 있도록 도와주시는 편이야. 내가 놀러가면 수아네 부모님은 언제나 날 반갑게 맞아주셔. 수아네 아버지는 대학에서 언니, 오빠들을 가르친다고 해.

"너희 아빠는 무슨 과목을 가르치시는 거야? 국어? 수학?"

"글쎄, 철학이라고 들었는데?"

"철학? 그게 뭐야?"

"나도 잘 모르겠어. 아빠 말로는 세상을 살아가는 데 필요한 지혜래."

철학이 뭔지는 잘 모르지만 어쨌거나 수아네 아버지는 선생님치고는 좀 특이하신 편이야. 언제나 빨간색 빵모자를 눌러 쓰고 계시거든. 그 모자 가운데에는 꼭지가 달려 있는데 수아의 말에 의하면 그 꼭지를 보면 아버지의 기분을 파악할 수 있다고 해. 수아네 아버지는 철학에 관한 책을 쓰시는데, 아버지의 모자를 보면 아버지에게 말을 걸어도 되는지 안 되는지 알 수 있다고 해. 언젠가 수아네 집에 놀러 갔을 때 수아가 귓속말로 가르쳐 주었어.

"잘 봐. 저 꼭지가 저렇게 누워 있잖아. 그러면 책이 잘 써지고 있다는 얘기야. 이럴 때는 절대 말을 걸면 안 돼. 반대로 꼭지가 서 있을 때는 얘기가 잘 풀리지 않고 있다는 뜻이거든. 이럴 때는 아빠한테 가서 재밌는 얘기를 해 주는 게 좋아. 아빠는 내 얘기를 들으면 책을 쓸 때 잘 풀린대."

수아는 아저씨한테 가서 우리가 좋아하는 이중기 오빠 얘기며, 학교에서 있었던 이야기를 했어. 수아는 나중에 드라마 작가나 시나리오 작가가 되는 게 꿈이야. 내가 생각하기에는 정말 훌륭한 작가가 될 것 같아. 평범한 이야기라도 수아가 이야기를 하면 흥미진진하거든. 그래서 수아가 학교에서 이야기를 시작하면 수아 주위로 아이들이 몰려들곤 했어.

"난 꼭 재미있는 드라마를 써서 이중기 오빠를 주인공으로 출연시킬 거야. 그러면 아름이 너한테도 이중기 오빠를 소개시켜 줄게. 그러니까 나한테 잘 보여야 해."

수아가 어깨를 으쓱대며 말했어. 수아가 작가가 되면 정말 이중기 오빠를 만날 수 있는 걸까? 난 수아가 잘난 척을 하는 것이 얄밉긴 해도 이중기 오빠를 만날 수 있다면 수아가 훌륭한 작가가 되기를 빌어 줄 거야. 수아가 꿈을 이루지 못한다면 내가 이룰 수도 있어. 내 꿈은 패션 디자이너거든. 앙드레 박 선생님처럼 훌륭한 디자이너가 되어서 내가 만든 멋진 옷을 꼭 이중기 오빠한테 입힐 거야. 난 벌써 어떤 옷을 만들어

입힐지 다 생각을 해 놨어. 어제부터 엄마한테 바느질도 배우기 시작했어. 벌써 여러 번 손가락이 바늘에 찔렸지만 내 꿈을 이루기 위해서라면 이 정도쯤은 참을 수 있지, 안 그래?

그림자 연극

 누구나 타자이기에, 홀로 그 자신인 사람은 아무도 없다.

– 하이데거, 《존재와 시간》

1 혁수를 도와주자!

벌써 2학기의 끝 무렵이 되었어. 난 추운 날씨는 싫어하지만 눈이 내리는 걸 보면 기분이 너무 좋아. 눈이 올 때마다 수아와 반 친구들과 나가서 눈싸움도 하고 눈사람도 만들며 즐겁게 놀았거든. 그리고 겨울이 가장 좋은 이유는 바로 성탄절에 교회에서 하는 발표회 때문이야.

나는 수아의 소개로 교회를 다니고 있어. 내가 다니는 소망 교회에서는 매년 크리스마스가 되면 초등부 아이들이 모여서 연극도 하고 합창 연습을 하기도 해. 드라마 작가가 꿈인 수아는 당연히 연극을 하기로 했지. 수아가 연극 대본을 쓰기로 했거든. 우리가 연극에 참여하게 되어서 얼마나 기뻤는지 몰라. 연극에 나오는 배우들이 입을 옷을 내가 준비하기로 했거든. 앙드레 박 선생님을 이을 훌륭힐 디자이너가 될 나, 한아름의 실력을 보여 줄 절호의 기회라고!

　우리는 목사님이 주신 돈과 우리가 평소에 조금씩 모아 온 돈을 합쳐서 연극에 쓸 돈을 마련했어. 우리가 모은 돈이 많지 않아서 앙드레 선생님이 만드신 옷처럼 화려한 옷은 만들지 못하겠지? 그래도 나는 평소에 생각해 둔 예쁘고 멋진 옷을 그리기 시작했어.

　연극 내용은 아직 정해지지 않았지만 수아는 재미있는 연극이 될 거라고 자신만만해 했어. 수아네 아버지께서 연극 준비를 도와주기로 하셨거든. 우리는 정말 든든한 지원군을 얻은 기분이었어. 매일 장난만 치던 현이와 남석이도 웬일인지 연극을 준비할 때는 얌전해졌어. 크리스마스가 하루하루 다가왔지. 이제 연극 내용을 정하고 의상만 준비하면 모든 게 완벽해 지는 거야. 그런데 어느 날, 목사님이 수아랑 나를 부르셨어. 목사님이 계시는 방에 들어가니, 목사님은 평소처럼 웃지도 않고 심각한 표정으로 우리를 바라보셨어.

"수아야, 아름아. 너희에게 미안한 소식을 좀 전해야겠구나."

어라? 항상 우리에게 잘해 주시는 목사님께서 우리에게 무슨 잘 못이라도 하신 걸까?

"네? 목사님, 그게 무슨 말씀이세요?"

"다른 게 아니고, 그게 말이다."

목사님은 정말 큰 잘못이라도 하신 건지 좀처럼 말씀을 이어나가지 못했어. 눈치가 빠른 수아가 웃으며 말했어.

"저희는 괜찮으니 말씀하세요, 목사님."

"너희들, 혁수라고 알지?"

"혁수요? 5반에 키 큰 남자애 말씀하시는 거죠?"

나는 키가 크고 덩치도 크지만 늘 웃고 다니는 혁수를 떠올렸어.

"그래, 혁수가 큰 병에 걸렸단다."

"병이라뇨? 어떤 병인데요?"

"백혈병이라고 아주 무서운 병이란다. 우리 몸에는 백혈구라는 세포가 있는데, 몸에 들어온 세균과 싸워서 이길 수 있는 세포란 다. 그런데 백혈병은 백혈구가 점점 줄어드는 병이야. 백혈병에 걸리면 면역력이 약해져서 감기 같은 작은 병에 걸려도 죽을 수 있는 병이지."

헉! 감기에만 걸려도 죽을 수 있는 병에 혁수가 걸렸다고? 수아와 나는 서로를 마주 보았어. 수아는 눈이 쟁반처럼 커지고 입이 크게 벌어졌어. 나도 거울은 보지 않았지만 똑같은 표정을 짓고 있을 거야. 혁수는 평소에 그렇게 친하시는 않았지만 참 착한 아이였거든. 언젠가 내가 5반 앞 복도에서 필통을 떨어뜨렸을 때 혁수가 와서 지우개며 연필들을 다 주워 주었어. 그때 혁수가 쑥스러운지 그냥 가 버려서 나는 고맙다는 말도 못했어. 혁수에 대해 이런저런 생각을 하고 있는데 목사님이 계속 말씀하셨어.

"백혈병은 무서운 병이지. 하지만 혁수에게 맞는 골수를 찾는다면 나을 수 있는 병이란다. 그런데 골수를 찾을 때까지 병원에 입원해 있어야 하는데 병원비가 굉장히 비싸단다."

"맞아! 나도 드라마에서 본 적이 있어. 그 병은 절대로 세균을 만나면 안 되기 때문에 병원에 입원해도 다른 사람들과 같이 있지 못하고 특수한 병실에 입원을 해야 한다는 거야."

수아가 걱정스러운 얼굴로 말했어.

"그래서 말인데, 우리가 혁수에게 조금이나마 도움이 될 수 있는 일을 찾았으면 한단다."

"그럼요, 목사님. 당연히 우리가 혁수를 도와줘야죠. 혁수가 제 필통도 다 주워 주었는걸요."

"응? 그게 무슨 소리야?"

"아무튼, 그런 게 있어. 목사님 저희가 뭘 하면 될까요?"

"너희가 지금 준비하고 있는 연극 말이다. 연극을 위해서 모아 둔 돈을 혁수 병을 치료하는 데에 보탰으면 하는데……."

"네? 저희가 모은 돈을요?"

"응. 현실적으로 그게 가장 도움이 되는 일이란다. 물론 너희가 모은 돈이니 너희가 싫다면 나는 너희 의견을 따를 거야. 남석이와 현이와도 상의해 보고 나에게 결과를 알려 주렴."

우리는 아무 말 없이 목사님 방을 나왔어. 나와 수아는 연극 연습을 하는 지하실로 내려갈 때까지 아무 말도 하지 않았어. 수아도 나도 그리고 현이와 남석이 그 밖에 다른 아이들도 연극을 공연할 수 있는 크리스마스를 얼마나 애타게 기다렸는지 몰라. 당장 그 돈을 혁수에게 준다면 우리는 연극을 못하게 되는 거야. 우리는 현이와 남석이를 비롯한 다른 아이들에게 이 사실을 알렸어. 남석이도 혁수가 그런 큰 병에 걸렸다는 말에 많이 놀랐나 봐.

"그럼 이제 어떻게 하는 거야? 생각을 좀 해보자."

"혁수를 도와주게 되면 우리는 연극을 못하게 되는 거지?"

남석이가 걱정스러운 얼굴을 하고 물었어.

"그, 그렇지."

"우리가 어떻게 준비해 온 연극인데."

수아는 정말 아쉬운 모양이었지만, 이내 다시 웃으며 말했어.

"그래도 혁수는 우리 친군데 어려운 친구를 모른 척 하면 안 되는 거잖아. 연극은 내년 크리스마스에 다시 할 수 있지만 혁수는 지금 도와주지 않으면 안 돼."

"그렇지? 수아 네 생각도 그런 거지?"

난 너무 기뻐서 팔짝팔짝 뛰면서 수아를 껴안았어.

"그런데 혁수를 도와주겠다고 하는데 아름이 네가 왜 그렇게 좋아하는 거야? 혁수는 우리 친구이기도 한데?"

남석이가 너무 좋아하는 내 모습이 이상한지 물었어.

"너 혹시……."

현이가 평소처럼 익살스러운 표정을 하고 내 눈치를 살폈어. 난 잘못한 것도 없는데 괜히 얼굴이 빨개졌지.

"내가, 뭐!"

"혹시 너, 혁수 좋아하는 거 아냐? 그렇지?"

"뭐? 아니야!"

"에이! 얼굴이 빨개지는 거 보니까 맞는 것 같은데?"

"현이 너! 거기 서! 거기 안 서?"

혀를 낼름 내밀고 도망가는 현이를 쫓아 전속력으로 달렸어. 놀림을 당했지만 그래도 조금이나마 혁수를 도울 수 있어서 다행이라는 생각을 하면서.

2 연극을 다시 할 수 있다고?

우리는 돼지 저금통에 모아 두었던 돈을 가지고 혁수의 병실로 갔어. 혁수가 있는 병원은 서울에서도 가장 큰 병원이래. 나는 이 병원에 훌륭한 의사 선생님이 계셔서 혁수를 깨끗이 낫게 할 수 있기를 마음속으로 기도했어. 혁수가 있는 병실에는 아무나 들어갈 수 없대. 전에 목사님도 말씀하셨듯이 혁수의 몸이 세균에 약하기 때문이야. 우리는 병실에 들어가기에 앞서 손과 발을 소독약으로 씻고 입에는 마스크를 썼어. 우리가 말하는 동안에도 침에서 세균이 나올 수 있기 때문이래.

똑똑.

"네. 들어오세요."

혁수 어머니의 목소리가 들렸어. 혁수 어머니도 같은 교회를 다니셔서 예전에 자주 뵌 적이 있었거든. 혁수 어머니는 마스크를 쓰고 혁수 옆을 지키고 계셨어. 우리는 살금살금 조심스레 침대 가까이로 다가갔지. 혁수의 침대는 바로 볼 수 있는 게 아니고 하얀 천으로 가려져 있었어. 우리는 하얀 천에 뚫린 구멍으로 혁수의 얼굴을 볼 수 있었지. 병실 안은 어두컴컴하고 혁수의 머리맡에만 조명이 켜 있었어. 혁수가 구멍으로 우리를 보자 살짝 미소를 지었어. 혁수는 전혀 아픈 사람처럼 보이지 않고 오히려 평소보다 밝은 것처럼 보였어. 난 왠지 혁수의 얼굴을 바로 볼 수가 없었어.

혁수는 머리에 흰 스카프 같은 것을 쓰고 있었어. 스카프로 가려져 있어서 잘 보이지 않았지만 머리카락이 하나도 없는 것처럼 느껴졌어. 나는 혁수의 머리를 뚫어져라 쳐다보았지. 혁수는 내 시선을 느꼈는지 갑자기 스카프를 벗었어. 그런데 정말로 혁수의 머리카락이 하나도 없는 거야. 나는 너무 놀라서 소리를 지를 뻔했어. 하지만 얼른 오른손으로 마스크를 쓴 입을 막았어. 왠지 모르지만 내가 소리를 지르면 혁수가 슬퍼할 것 같았거든. 나도 이렇게 놀랐는데 다른 아이들도 분명히 놀랐을 거야. 그런데 아이들은 아무런 내색도 하지 않고 혁수의 머리를 보기만 했어. 혁수 어머니는 니무 속이 싱하셨는지 혁수의 머리를 보지 않고 나를 네만 보셨어.

"야, 김혁수. 너 꼭 가수 구진엽 아저씨 같아, 멋있다!"

"그래? 내가 좀 잘생기긴 했지. 히히."

혁수도 현이의 농담에 같이 장난을 치며 웃었어.

"머리카락을 다 자르니까, 머리 감을 필요도 없고 얼마나 좋은지 몰라. 시원하고."

"야, 그럼 넌 세수할 때 머리까지 같이 세수하면 되겠다. 그냥 얼굴 씻을 때 머리도 비누로 쓱쓱 문지르면 되잖아."

"그거 정말 편하겠는걸? 엄마한테 머리 감으란 잔소리 안 들어도 되고, 매달 미용실 누나한테 잡혀서 이발하지 않아도 되잖아. 현아, 우리도 이참에 혁수처럼 머리를 빡빡 깎아 볼까?"

"그럴까?"

남자애들이 계속 장난을 치자, 혁수 어머니도 기분이 좀 나아지

셨는지 빙그레 웃으셨어. 나와 수아도 아무 말이라도 해 주고 싶었지만 적당한 말이 떠오르지 않았어.

'혁수야. 넌 꼭 나을 수 있을 거야. 우리가 교회에서 열심히 기도할게. 그리고 며칠 후면 크리스마스잖아. 하나님이 분명히 내 소원을 들어주실 거야. 힘을 내.'

나는 마음속으로 열심히 말했어. 큰소리로 말할 수는 없지만 아마 혁수도 내 마음을 알고 있을 거라고 생각했어.

그때 장난꾸러기 현이가 무슨 손짓을 하는 것이 보였어. 처음에는 뭘 하고 있는지 몰랐는데 혁수와 우리를 갈라놓은 하얀 커튼에 현이의 그림자가 비쳤어.

가만히 살펴보니 현이가 글쎄 손으로 흰 커튼에 그림자를 만드는 거야. 현이는 양쪽 손의 엄지손가락을 서로 걸고 나비 한 마리를 만들어 냈어. 그림자로 만든 나비는 팔랑팔랑 날아가더니 곧 하얀 커튼에 비친 혁수의 그림자 꼭대기, 즉 머리 부분에 앉았어. 그림자 나비는 혁수의 머리 위에서 잠시 쉬는 것 같더니 곧 다시 날갯짓을 하면서 어디론가 날아가 버렸어. 그리고 야옹~하는 소리가 나면서 고양이가 나타났어. 그림자로 만든 고양이는 진짜 고양이처럼 귀와 꼬리까지 달고 있었어.

현이는 어찌나 손재주가 좋은지 손 그림자로 강아지와 여우, 그리고 비둘기와 악어를 만들어 냈어. 우리는 신기해서 아무 말도 하지 않고 입을 헤벌린 채 현이가 만든 그림자만 보고 있었지.

혁수도 그림자를 보고 신기한지 초롱초롱하게 눈을 뜨고 바라보고 있었어. 현이가 만들어 내는 그림자를 보고 있으니 슬펐던 마음이 조금 가라앉는 것 같기도 했어. 그때였어. 내 옆에서 그림자를 바라보고만 있던 수아가 갑자기 내 손을 꽉 잡는 거야.

"아얏! 왜 그래 수아야?"

"생각났어~. 좋은 방법이!"

"뭐? 좋은 방법이라니?"

"자세한 얘기는 이따가 해 줄게. 어쩜 우리가 연극을 할 수 있을지 몰라!"

수아가 반짝반짝한 눈을 동그랗게 뜨고 나를 바라보았어. 나는 궁금해서 견딜 수 없었지만 혁수와 혁수 어머니에게 얌전히 인사를 하고 병실을 나왔지.

우리 넷은 병원 앞에 있는 벤치에 앉았어.

"수아야, 그게 무슨 말이야? 연극을 할 수 있는 좋은 방법이 있다니?"

"그게, 아까 현이가 손 그림자를 만드는 것을 보고 생각난 건데. 우리, 그림자 연극을 하는 게 어떨까?"

"그림자 연극?"

"그래. 그림자로 연극을 하면 배우들 옷이며 무대 장치가 필요 없으니 돈도 들지 않잖아."

"그거 정말 좋은 생각이다!"

"그래. 현이가 손 그림자를 잘 만드니까 우리 모두 조금만 연습 하면 잘할 수 있을 거야!"

정말 다행이지? 물론 뛰어난 바느질 솜씨를 자랑할 기회가 없어 서 아쉽기는 하지만 연극을 할 수 있다는 것만으로도 너무 기뻤 어. 물론 연극 대본을 쓰기로 한 수아는 당연히 신이 났고 말이야.

우리의 그림자 연극은 그렇게 해서 공연하게 된 거야.

3 하이데거? 하이파이브!

그림자 모양은 현이와 남석이가 준비하기로 하고, 나는 수아를 도와 연극 내용을 짜기로 했어. 물론 수아 아버지도 함께 말이야. 나는 수아를 만나기로 약속하고 수아네 집에 갔어. 수아네 어머니는 시장에 가시고 수아네 아버지만 계셨어. 수아 아버지가 가르치는 학교가 방학이라 책을 쓰는데 거의 하루를 다 보내고 계시다고 했어.

"어, 아름이 왔구나. 잠깐만 기다려. 마실 거라도 가지고 올게."

수아는 부엌으로 가고 나는 수아네 아버지가 계시는 서재를 기웃거렸어. 난 버릇처럼 수아네 아버지가 쓰고 계시는 모자를 쳐다보았어. 가운데 달린 꼭지가 곤두서 있었어. 이럴 때는 책이 잘 써지지 않고 있다는 뜻이니, 아저씨에게 말을 걸어야겠다는 생각이 들었어.

"아저씨, 안녕하세요?"

"엇! 아름이구나. 아저씨가 아름이 온 것도 몰랐네. 언제 왔니?"

"방금 전이요. 아저씨 그런데 무얼 쓰고 계세요?"

"응, 이건 철학책이라 재미가 없을지도 모르는데."

아저씨는 컴퓨터 모니터를 보며 웃으셨어.

"혹시, 하이데거라고 아니?"

"하이데거요?"

난 하이파이브는 들어왔어도 하이데거라는 말은 처음이었어. 조금 창피했지만 그래도 솔직하게 말하기로 했어.

"처음 들어봐요."

"하이데거는 독일의 철학자인데 '존재'에 대해 이야기해 준 사람이야."

"존재요?"

"응, 존재가 뭔지 아니?"

"존재란, 음. 그러니까 그게……."

"존재란 쉽게 말해서 '있는 것'이란다."

"있는 것이요?"

"그래. 있는 것. 아름이 주위에 있는 것은 뭐니?"

"음, 그러니까. 책상, 의자, 컴퓨터, 침대 이런 거요? 그런데 이런 것들도 존재한다고 말할 수 있나요?"

"그럼, 있고 말고. 세상에는 나무, 돌, 꽃, 하늘 등 수많은 존재자가 있어. 우리가 생활 주변에서 쉽게 발견할 수 있는 존재들을 말하는 거지. 그러나 이러한 존재자는 자신이 왜 존재하는지 생각하지 못해. 아름이는 꽃이 왜 그 자리에 피었는지 스스로 생각하는 것을 보았니?"

"아니요. 그걸 어떻게 볼 수 있어요. 헤헤."

나는 아저씨가 너무 엉뚱한 것을 물어본다고 생각했어.

"그래. 꽃은 스스로 생각하지 못하지. 그러나 인간은 달라. 인간은 스스로 자신의 존재에 대해 생각하고 물을 수 있어. 하이데거라는 철학자는 특별히 인간을, 존재가 드러나고 있다는 의미에서 '현존재'라고 불렀어."

"현존재요?"

나는 다만 아저씨가 골치 아파 하고 있는 것 같아서 아저씨를 조금 도와주려고 한 것뿐이었어. 그런데 점점 이야기가 너무 어려워지고 있다는 생각이 드는 거야. 나는 아저씨의 말은 머리에 하나도 들어오지 않고 '어떻게 하면 이 이야기에서 벗어날 수 있을까' 하는 생각이 들었지. 아저씨는 내 생각을 아는지 모르는지 그저 이야기를 계속하셨어.

"인간이 존재하는 방식은 교실에 있는 책상이 존재하는 방식과 완전히 달라. 책상은 그냥 그 자리에 주어져 있을 뿐이야. 그렇지만 인간은 과거, 현재, 미래라는 시간을 통해서 스스로 생각하고 또 행동하잖아? 그래서 자신이 어떻게 살아가고 있는지, 그리고 자신이 어떻게 살아가야 하는지를 생각하는 거야. 이러한 인간을 하이데거는 '실존'이라고 불렀어."

"아 예, 실존이요……."

내가 지루해하는 모습을 알아차리셨는지 아저씨는 갑자기 우리가 좋아하는 이중기 오빠 이야기를 꺼냈어.

"아름이 너도 이중기를 좋아한다며?"

"네. 아저씨도 아세요?"

"그럼, 수아가 이중기 얘기를 얼마나 많이 하는데. 그런데 이중기가 왜 좋은 거니?"

"그냥, 멋있고, 잘생기고. 그래서요."

"다른 애들이 모두 좋아하니까 그런 것은 아니고?"

"솔직히 그런 것도 있죠, 반 애들이 거의 다 이중기 오빠를 좋아하는 걸요."

"그런 태도를 주체성이 없는 태도라고 한단다."

"주체성이요?"

"그래. 아까 내가 인간은 실존한다고 했지? 그런데 인간이 자기 자신의 존재를 까먹지 않고 실존하려면 주체성이 있어야 해. 남들이 하니까 나도 한다는 태도는 주체성이 있는 태도가 아니거든."

난 아저씨의 말을 듣고 주체성에 대해 생각해 봤어. 그래, 내가 솔직히 귀가 얇은 편이긴 하지. 난 영화가 보고 싶어도 다른 애들이 카트라이더를 하러 가자고 하면 따라가는 편이거든. 내가 주체성이 없는 걸까?

"그럼 아저씨, 주체성이 있으려면 어떻게 해야 하는데요?"

"하이데거는 뭐라고 말했는지 궁금한 거지?"

"네, 그 하이파이브, 아니 하이데거요."

"하이데거는 스스로 선택하는 태도를 가져야 한다고 했어. 남의 말에 따라가는 것이 아니라 아름이 네가 생각하기에 가장 옳은 일을 해야 한다는 거야. 이러한 태도로 살아가는 것을 하이데거는 '본래적인 삶'이라고 불렀어."

"본래적인 삶……."

"그래, 본래적인 삶. 하지만 모든 사람이 본래적인 삶을 살아가는 건 아니지? 많은 사람들은 주체적인 생활을 하지 않고 그저 되는 대로 살아가고 있잖아."

"네, 그렇죠."

"그럼, 본래적인 삶의 반대말은 뭘까?"

"음……."

나는 이번만은 모른다고 하기가 싫어서 골똘히 생각해 보았어. 오랫동안 생각하다 보니 내 머릿속에는 하나의 단어가 떠올랐지.

"아, 알겠어요!"

"뭔데?"

"안 본래적인 삶!"

4 그림자의 의미

내가 답을 말했을 때 아저씨의 표정을 지금도 잊을 수가 없어. 뭐라고 설명할 수 없는 표정이었거든. 아저씨는 억지로 웃음을 참는 듯 얼굴을 씰룩씰룩 거리셨어. 난 너무 창피해서 화장실이라도 가려고 했는데, 그때 마침 수아가 나타났어.

"마실 것이 오렌지 주스밖에 없네. 이거라도 그냥 마실래? 아빠 것은 인삼차로 타 왔는데 괜찮아요?"

"응. 고맙지."

"그런데 무슨 얘기를 그렇게 하고 계셨어요? 또 아름이한테 어려운 철학 이야기 하셨죠? 아빠가 자꾸 그러니까 애들이 우리 집에 오기 싫어하지. 아름이니까 참는 줄 아세요."

"아, 그럼. 마침 내 얘기가 풀리지 않아서 아름이를 데리고 이런저런 얘기를 하다 보니 좀 생각이 나는 듯도 하는 걸. 고맙다, 아름아."

아저씨는 왼쪽 눈을 찡긋, 하면서 내게 말씀하셨어. 내가 엉터리로 대답한 걸 아저씨가 수아에게 얘기할까 조마조마했는데 아저씨는 비밀로 해 주실 모양인가 봐. 이럴 때는 정말 아저씨가 수아네 아버지가 아니라 내 친구 현이, 남석이와 다를 게 없다는 생각이 든다니까.

"아빠, 이야기 다 끝내셨으면 빨리 우리 연극을 도와주셔야 해요. 연극을 보는 사람들에게는 옷이나 배우는 보이지 않고 오직 그림자만 보이는 거에요. 그래서 연극 내용이 정말 재미있지 않으면 다들 지루해 할지도 모른다고요."

"알았다, 알았어. 그전에 이것만 쓰고 넘어가자. 아름아, 아까 내 얘기를 다 이해할 수 있겠니?"

아저씨는 다시 나한테 화살을 돌리셨어. 이럴 때는 정말 수학 시간보다 더 식은땀이 흐른다니까.

"네, 조금은 이해할 수 있을 것 같아요."

"그래. 아름이는 똑똑하니까 이해할 수 있는데, 이걸 너희 또래 친구들한테 이해시키려면 어떤 방법을 쓰는 게 좋을까?"

"제 또래 친구들이요?"

"응. 아저씨가 쓰는 책은 너희 같은 어린이들에게 어려운 철학을 쉽게 설명하려고 만드는 책이란다. 그런데 아까부터 아무리 생각해도 '존재'에 대해 어떻게 설명할지 떠오르지가 않는단 말이야."

"아빠, 그건 나중에 하시고 지금은 우리 일을 도와주세요, 네? 우리는 시간이 얼마 남지 않았단 말이에요. 컴퓨터는 잠깐 꺼 두시고 우리 그림자 연극 대본부터……."

"그림자!"

나도 모르게 소리를 질렀어.

"에구 깜짝이야! 갑자기 왜 그래, 아름아?"

"아저씨, 그림자를 가지고 설명하는 거예요!"

"그림자?"

"네, 아저씨가 아까 존재에 대해 말씀하셨죠? 빛이 없다면 그림자는 존재하지 않죠. 또한 사물이 없다면 그림자 역시 존재하지 않잖아요. 이걸 이용하면 존재에 대한 설명이 쉬울 것 같은데, 어떠세요?"

나는 자신감에 찬 목소리로 말했어. 내 의견이 정말 괜찮다는 생각이 들었거든. 역시, 아저씨도 얼굴 가득 웃음을 띠우며 말씀하셨이.

"그거 정말 짱이다! 정말 좋은 생각이야, 아름아."

아저씨가 짱이라고 외치는 바람에 나도 호호호 웃어 버렸어. 무슨 일인지 모르는 수아만 중간에서 어리둥절한 표정을 짓고 있었지.

"그래서 말인데, 나도 너희 연극에 대해서 생각해 봤는데 말이다. '존재'에 관하여 하면 어떨까?"

"존재? 아빠 그건 너무 어렵잖아요."

"아니야, 수아야. 아까 아름이는 들어서 알겠지만 '존재'란 그렇게 어려운 말이 아니란다. 그리고 너희 같은 어린이들이 앞으로 자기의 꿈을 이루려면 제일 먼저 자기 자신의 '존재'에 대해 알아야 하는 거야."

"그건 맞는 말이야, 수아야. 나도 아까는 무조건 어렵다고 생각했지만 들어보니, 우리가 알아야 하고, 충분히 알 수 있는 내용이었어. 아저씨가 도와주실 거니까 우리 그렇게 해보자. 응?"

수아는 못마땅한 얼굴이었어. 하지만 아저씨와 내가 열심히 설득하니까 결국 손을 들고 말았지.

"그래, 알았어. 그럼 최대한 재미있게 꾸밀 방법을 생각해 보자."

그렇게 해서 우리 연극이 차차 모습을 갖추어 가기 시작한 거야.

현존재와 실존

하이데거는 인간을 다른 존재와 달리 스스로 존재하면서 자신의 존재에 대해 고민하고 반성하는 특별한 존재로 보고 있어요. 책, 연필, 책상 등과 같은 존재는 미리부터 정해져 있는 존재입니다. 하지만 인간은 어떻게 존재할 것인지를 스스로 결정하는 존재입니다. 특히 인간은 다른 사물과 다릅니다. 존재가 드러난 존재라는 의미에서 '현존재'라고 부르죠.

백혈병에 걸린 혁수를 위해서 그림자 연극을 준비하는 친구들의 모습도 현존재라고 할 수 있어요. 친구들은 혁수가 아프다는 소식을 듣고 연극을 하기 위해 모아 둔 돈을 혁수를 위해 사용합니다. 대신 돈이 들지 않는 그림자 연극을 하기로 하죠.

그런데 우리들이 항상 혁수의 친구들처럼 행동하지는 않습니다. 오히려 다른 사람을 배려하는 것보다 자기 자신을 위해서 행동하는 경우가 많죠. 더구나 다른 사람의 가치 기준에 자신을 맞추어 살아가는 경우도 많습니다.

　하이데거는 다른 사람의 가치 기준에 자신을 맞추는 것이 아니라 자신의 중심을 잃지 않고 주체성을 지켜야 한다고 했어요. 그리고 그런 삶의 태도를 '실존'이라고 불렀습니다. 자신이 존재하는 이유와 삶의 의미, 행동의 근거를 생각하고 고민하는 존재는 인간뿐입니다. 해와 달은 온 세상을 밝게 비추지만 왜 비추는지 스스로 생각하지 못합니다. 그러나 인간은 자신이 왜 존재하는지 스스로 생각할 수 있습니다. 스스로를 돌아보고 자신이 왜 사는지 삶의 가치가 어디에 있는지 고민하는 존재랍니다.

　친구들이 준비하는 그림자 연극도 '존재 의미'를 이해하는 데 중요합니다. 그림자가 존재하기 위해서는 빛이 있어야 합니다. 연극을 하는 친구들은 빛을 이용하여 그림자를 만들고, 연극을 관람하는 사람들은 그림자를 통해서 친구들의 손동작을 보게 됩니다. 과연 진정한 존재란 빛의 세계일까요? 아니면 그림자의 세계일까요? 우리는 대부분 그림자의

세계를 진짜라고 믿기 쉽겠지요. 우리가 직접 눈으로 볼 수 있기 때문이죠. 그러나 빛이 없다면 그림자도 사라집니다. 그림자의 세계는 빛과 같이 존재의 의미가 숨어 있는 세계입니다. 숨어 있는 빛의 세계를 찾는 것이 존재를 이해하는 길입니다.

2

연극 연습

 '세계-내-존재' 의 해명을 통해 드러난 바에 따르면, 세계 없는 단순한
주관이란 우선 존재하지도 않고, 결코 주어져 있지도 않다.

— 하이데거, 《존재와 시간》

1 왕의 여자

우리는 방과 후에 함께 모여 연극 연습을 하기로 했어. 수아네 부모님이 모두 외출하시고 난 뒤에 수아네 집으로 모였어.

"자, 그럼 뭐부터 시작할까? 연극 대본이 먼저인가? 아님 손동작 연습?"

"연극 대본을 먼저 써야 거기에 맞는 손동작이 나오는 거 아니야? 그렇지 현아?"

"아니, 내가 할 수 있는 손동작은 몇 개 안 되는데 나비랑 강아지, 늑대 정도?"

"뭐라고? 겨우 그 정도밖에 만들어 낼 수 없으면서 왜 그렇게 자신 있는 척한 거야?"

"내, 내가 언제 자신 있는 척했어? 그림자 연극을 먼저 하자고 제안한 건 너였잖아!"

"난 또 네가 그림자를 배역에 맞게 많이 만들어 낼 수 있는 줄 알고 그랬지, 그 정도밖에 못할 줄 알았으면 얘기를 꺼내지도 않았을 거야."

나도 지지 않고 현이에게 맞섰어. 우리는 모두 얼굴이 시뻘게져 있었어.

"그럼 어떻게 해? 아빠한테도, 목사님한테도, 그림자 연극을 준비 중이라고 벌써 다 이야기했단 말이야. 이제 와서 안 한다고 무를 수도 없고……."

"그러게 수아 너는 왜 그렇게 입이 가볍냐? 아직 다 정한 것도 아닌데 그렇게 동네방네 떠들고 다니면 어떻게 해?"

"뭐? 왜 또 불똥이 나한테 튀어? 그림자 연극을 한다고 해서 그렇게 말한 것뿐인데, 그게 입이 가벼운 거야? 그러는 현이 너는……!"

"그만!"

아무 말도 하지 않고 있던 남석이가 크게 소리를 질렀어. 우리 셋은 모두 깜짝 놀라서 그만 입을 다물 수밖에 없었어.

"너희들 서로 내가 잘했네, 네가 잘못했네 싸우려고 여기 모인 거야? 우린 혁수한테 우리의 연극을 보여 주려고 여기 모인 거잖아. 지금 이렇게 싸움질이나 할 때야?"

남석이는 정말로 화가 났는지 어느새 일어서서 허리에 손을 얹고 우리를 노려보고 있었어.

"그게 아니라……."

"그게 아니면 뭐? 배수아, 한아름, 그리고 너 장현! 너희 셋 모두 잘한 것 하나도 없으니까 아무 말도 하지 마. 이제부터 먼저 시비 거는 사람이 있으면 최홍만 아저씨가 잘하는 하이킥을 내가 날려 줄 테다! 너희들 내가 이종 격투기를 얼마나 잘하는지 알지?"

"으응……."

사실 남석이는 최홍만 아저씨의 열렬한 팬이야. 가끔 쉬는 시간에 교실 뒤편에서 조르기니, 니킥이니 하는 것들을 구경하면 제법 무섭기도 했거든. 우리 셋은 서로 눈을 마주치며 조용히 고개를 수그렸어.

"그럼 이제부터 연극 연습을 어떻게 할 것인지 그것만 얘기하는 거야! 시~이작!"

"음……. 그럼 현이가 그림자 동작을 잘 모른다고 하니 어떻게 하는 게 좋을까? 그림자 연극을 포기하고 다른 걸로 할까?"

"그럴 수는 없지, 우리가 소품이랑 의상비로 쓸 돈을 모두 혁수에게 주기로 했잖아. 지금 우리가 할 수 있는 건 최대한 돈이 들지 않는 그림자 연극밖에 없어."

"그래, 왜 안 된다고만 생각해. 현이가 손동작으로 만들 수 있는 게 많지 않다면 우리가 다른 걸 배우면 되지!"

"그런데 어떻게 배우지? 혹시 주위에 그림자 연극을 하는 배우라도 있어?"

"뭘 그런 걸 걱정해? 우리의 친구! 인터넷이 있잖아. 인터넷 검색부터 먼저 해보자."

우리는 모두 컴퓨터 모니터 앞에 옹기종기 모였어. 게임광이자 인터넷광인 남석이가 키보드를 두드렸지. 자주 가는 인터넷 사이트에 그림자 연극을 검색하니 생각보다 많은 정보가 나왔어.

지식MAN

지식MAN에 질문하기

[예술, 공연·연극] 그림자로 연극하는 방법(내공50)
2006.10.07
그림자로 연극으로 하려고 하거든요. 그런데 그림자
연극을 할 때 손전등을 사용해야 하잖아요. 정확하게
사용하는 방법 있으면 좀 알려 주세요.
[논문, 리포트] 그림자 연극 2003.05.28
그림자 연극을 하려는데 어려운 점이 생겨서…^^ 라
이온 킹을 주제로 그림자 연극을 하는데 그룹 조장이
라서 제가 책임지고 알아봐야 하거든요. 멋있게 할
수 있는 방법이 있으면 좀 알려 주세요.

"어디 보자……. 꽤 많은 정보가 있는데? 이대로면 우리도 인터넷의 도움을 받아 쉽게 할 수 있지 않을까?"

"그러게. 생각보다 도움이 될 만한 게 많은 걸? 정말 다행이다!"

아이들은 벌써 연극 준비가 다 끝난 것처럼 마냥 기뻐했어. 나도 한결 안심이 되었고 말이야. 그런데 검색 결과를 계속 찾아보던 중 한눈에 들어오는 글자가 있었어.

그건 바로 이중기!

"엇? 이중기?"

나보다도 수아가 더 빨리 발견한 듯 수아가 외쳤어. 하긴 우리는 못 말리는 이중기 오빠의 팬이니까 말이야.

"앗, 깜짝이야. 수아 넌 사람 귀에 대고 소리를 지르면 어떻게 하냐. 귀청 떨어질 뻔 했잖아!"

마우스를 잡고 있던 남석이가 수아를 돌아보며 말했어.

"히히. 미안, 미안. 갑자기 그림자 연극 검색 결과를 보는데 이중기 오빠 이름 세 글자가 나와서 말이지, 나도 모르게."

"나도 정말 깜짝 놀랐지 뭐야. 남석아, 얼른 그 질문 좀 클릭 해 봐. 도대체 그림자 연극이랑 중기 오빠가 무슨 관련이 있다는 건지 궁금해, 정말."

[영화, 연극] 영화 〈왕의 여자〉에서 이중기 오빠가 하는 것?

질문을 누르니 그와 관련된 답변이 나왔어.

〈왕의 여자〉에서 이중기씨가 왕에게 보여 주는 것은 다름 아닌 그림자 연극입니다. 그림자 연극은 하얀색 천이나 종이를 대고 그 앞에 그림자로 어떤 형상을 만들어 연극을 하는 것이죠.

아~ 이럴 수가! 이중기 오빠의 1등 팬임을 늘 자부하던 내가 이런 중요한 사실을 잊고 있었다니. 〈왕의 여자〉라면 내가 벌써 10번도 넘게 본 영화인데 말이야. 너희들도 그 영화를 봐서 알지? 바로 이중기 오빠가 왕에게 그림자 연극을 보여 주는 장면 말이야. 솔직히 난 이중기 오빠의 얼굴만 뚫어져라 보는 바람에 오빠가 왕에게 그림자 연극을 보여 주는 장면이 나왔다는 것조차 잊고 있었던 거야.

"맞다, 아름아! 영화 〈왕의 여자〉에서도 그림자 연극을 하는 장면이 나오지! 그걸 왜 까먹고 있었을까?"

수아도 이제 생각이 나는지 제 이마를 탁, 하고 치며 말했어.

"뭐? 〈왕의 여자〉에도 그림자 연극을 하는 장면이 나온다고? 그게 정말이야?"

"현이 넌 기억 안 나? 그 이중기 오빠가 1인 2역을 하면서 왕에게 그림자 연극을 보여 주던……"

"당연히 기억을 할 리가 없지. 난 그 영화를 안 봤거든!"

"뭐야?"

나와 수아는 입을 쩍 벌리고 놀랄 수밖에 없었어.

"그럼 우선 그 영화부터 보기로 하자!"

"좋아, 나는 대찬성이야!"

나는 수아의 말에 신이 나서 맞장구쳤어.

"야! 너희는, 지금이 한가하게 영화 볼 때야? 연극 연습하기도 바쁜데 말이야."

"아니야! 이것도 연극 연습의 한 부분이라고. 우선 그림자 연극을 어떻게 하는 건지 봐야 비슷하게 따라 할 거 아냐? 그렇지, 수아야?"

"그럼, 그럼. 인터넷에서 설명한 것만 보고서는 어떻게 할 수 있겠어. 너희들 그 밀도 몰라? 백문이 불여일건!"

"그, 그게 뭔데?"

기세등등하던 남석이가 갑자기 어려운 말이 나오자 말까지 더듬으며 물었어. 그때 조용히 뭔가를 인쇄하던 현이가 나섰어.

"백 번 듣는 것보다 한 번 보는 것이 더 낫다! 자, 그럼 여기 〈왕의 여자〉를 보는 것보다 더 좋은 방법이 있지!"

현이가 능글능글하게 어떤 종이를 펼쳐 들었어.

"그게 뭔데?"

"자, 이것! 바로 우리 동네 문화센터에서 무료로 관람할 수 있는 그림자 연극 티켓이지!"

그렇게 해서 영화 〈왕의 여자〉를 한 번 더 보려던 나와 수아의 계획은 수포로 돌아가고 말았어.

2 연극 관람

문화센터는 수아네 집에서 걸어서 5분 정도 걸리는 곳에 있었어. 무료로 그림자 연극을 관람할 수 있는 기회도 물론 좋았지. 하지만 나와 수아는 중기 오빠를 한 번 더 보려던 계획이 어긋나서 조금은 뿌루퉁해져 있었어.

"그런데 연극 제목이 뭐야?"

"〈벌거벗은 임금님〉이라고 하네. 킥킥."

"명작 동화 〈벌거벗은 임금님〉 말이야? 그런데 현이랑 남석이

너희들 왜 웃어?"

"웃기잖아, 〈벌거벗은 임금님〉이라니. 진짜로 벌거벗은 사람이 나올까?"

"뭐야? 너희들 그것 때문에 웃는 거야? 너희들 정말 〈벌거벗은 임금님〉 동화를 몰라?"

"무슨 동화 말이야?"

"에구, 됐다. 너희같이 책 읽기 싫어하는 애들이 동화을 읽었을 리 없지. 아무튼 그림자 만드는 것도 중요하지만 이번 기회에 〈벌거벗은 임금님〉이라는 동화도 좀 알아 둬, 알겠지? 책을 많이 읽어야 대본 쓰는 데 도움이 될 텐데, 너희같이 기본도 없는 애들이랑 연극 대본을 쓸 생각을 하다니……. 아 배수아, 참 험한 앞길이 보인다, 보여!"

수아가 이렇게까지 얘기하는 데도 연극 관람을 위해 객석의 불이 꺼지자 현이와 남석이는 또 킥킥거리며 웃었어. 내가 옆에서 꼬집지 않았더라면 아마 그 애들은 연극이 끝날 때까지 장난을 쳤을 거야.

"내가 연극 보는 내내 너희 땜에 창피해 죽는 줄 알았어. 어쩜 그렇게 떠드니? 학교에서 떠드는 것도 모자라 이젠 연극 보러 와서도 떠드는 거야? 정말 대~단하다!"

"정말이야. 너희 때문에 우리까지 다른 사람들 눈총을 받았잖아. 그런 의미에서 너희가 코코아를 사!"

"뭐? 그런 게 어디 있어?"

현이가 발끈하자 남석이가 말했어.

"현아, 그냥 우리가 내고 말자. 우리가 많이 떠든 건 사실이니까 말이야."

우리는 패스트 푸드점에 들어가 따뜻한 코코아를 앞에 두고 연극에 관한 이야기를 했어.

"너희는 떠드는 데 정신이 팔려서 연극 내용이 기억도 안 나지?"

"야, 우리를 뭘로 보는 거야? 우리가 좀 떠들긴 했어도 그게 그냥 장난친 게 아니란 말이야."

"그럼 뭔데?"

"연극 보면서 우리가 할 연극을 구상했단 이 말씀이야. 그리고 어떻게 그림자를 만들어 내야 할지도 연구했고 말이야."

"그래서 나온 결론이 뭐야?"

"음, 그건. 나중에 말해 줄게. 너희는 연극을 어떤 내용으로 할지 좀 생각해 봤어?"

"글쎄, 아직 자세하게 생각한 건 없지만……. 우리가 방금 본 연극 말이야."

"〈벌거벗은 임금님〉? 왜?"

"너희는 그 이야기에서 뭘 말하려고 했다고 생각해?"

"그야 뭐, 벌거벗은 임금님이 어리석다는 그런 얘기지 뭐."

"나는 그게 다가 아닌 것 같아."

"그럼 뭔데?"

"너희들은 그런 생각을 해본 적 없어? 눈에 보이는 게 다가 아니라는 것 말이야."

수아는 〈벌거벗은 임금님〉 이야기를 하다가 갑자기 진지하게 다른 이야기를 하는 것 같았어.

"눈에 보이는 게 다가 아니라니? 그럼 눈에 보이지 않는 것이 있단 말이야?"

"그~럼. 아까 연극에서 임금님이 입은 투명한 실로 만든 옷 말이야."

"에이~ 연극 볼 때 딴 짓한 건 우리가 아니라 수아 너로구나? 그 투명한 옷은 옷이 아니라 사기꾼 재봉사가 거짓말로 만들어 낸 거잖아."

정말 수아는 진지하게 이야기하고 있는데 현이랑 남석이는 계속 장난치면서 이야기하는 거였어. 그러자 수아도 좀 답답했나 봐.

"아유, 이 바보야. 내가 말한 건 그렇게 단순한 게 아니고, 뭐라고 설명해야 하지? 그러니까 그 임금님은 사기꾼 재봉사의 말을 믿고 투명한 옷이 실제로 있다고 믿었잖아. 그렇다면 그 임금님은 옷을 입은 거나 마찬가지지, 그렇지?"

"그, 그렇지, 그 임금님은 옷을 입은 거지."

"그래서 나는 반대로 생각해 본 거야. 실제로 보이지 않는 투명한 옷이 있을 수도 있지 않을까, 그런 생각."

"얘가, 얘가, 너 만화를 너무 많이 본 거 아니야? 그런 게 어디 있어? 보이지도 않는데 존재하는 걸 어떻게 알 수 있느냐고."

나는 수아가 자꾸 다른 길로 새는 것 같아서 그만 이야기를 정리하려고 했어.

"아니야, 아름아. 있어. 예를 들면 정신과 같은 것."

"정신?"

"그래. 정신이나 마음은 눈에 보이지는 않지만 확실히 존재하고 있잖아. 그렇지 않다면 우리가 어떻게 생각하고 행동할 수 있겠어, 안 그래?"

"그렇긴 하지."

"아빠가 하이데거의 존재에 대해서 말씀해 주시면서 이런 이야기를 해 주셨어. 돈이나 먹을 것 못지않게 정신도 중요하다고 말이야."

"하긴 그렇긴 하지. 정신이 올바르시 않으면 몸도 선강할 수 없다고 우리 할아버지도 만날 그러시는 걸?"

"그래, 눈에 보이는 우리 몸도 중요하지만 우리 정신도 밥을 먹어야 한대."

"정신도 밥을 먹어야 한다고? 그것 참 재밌는 말이다! 정신도 햄버거나 코코아 같은 걸 먹어야 한다는 말이야?"

"바보야, 그게 아니잖아. 어떻게 정신이 햄버거를 먹을 수 있겠니? 정신은 햄버거나 콜라를 마시는 대신 다른 걸로 키울 수 있어."

"어떤 걸로?"

"예를 들면 좋은 음악을 듣는다거나, 좋은 책을 읽는다거나 하는 거지. 그럼 정신이 맑아지고 건강해진다는 것 정도는 너희들도 알지?"

"그럼!"

"근데 우리는 정신 건강에 조금이라도 힘쓰고 있는 걸까? 나는 우리 아빠가 정신 건강을 중요하게 여기기 때문에 책도 많이 읽고 좋은 그림도 감상하지만, 현이 넌 어때? 넌 게임만 하느라 그런 거 안 하지?"

"흠흠. 사실 정신 건강을 많이 돌보지 못했다는 건 인정해. 그런데 존재와 정신 건강이 무슨 관계가 있다는 거야?"

"아름이는 들어 봐서 알겠지만, 바로 요즘 사람들이 정신 건강에 힘쓰지 못했기 때문에 자신의 존재를 잊은 거라고. 존재를 잊어버리고서도 다시 존재를 찾으려고 노력하지 않으니까 현대 사회가 이렇게 메말라 가는 것이고. 무슨 말인지 알겠어?"

"하긴. 요즘 사회는 문제가 너무 많아. 인터넷 뉴스를 봐도 만날 돈이나 욕심 때문에 일어나는 범죄뿐이잖아. 환경 문제도 그래. 어째서 우리가 중국에서 불어오는 황사 때문에 마스크를 쓰고 다녀야 해? 너무 싫어. 봄마다 우리는 황사 때문에 고생하잖아. 아빠 차는 모래로 덮여 있고, 마스크를 쓰고 학교에 가도 입 안에는 모래 냄새가 나는 것 같단 말이지."

내가 좀 투덜대자 수아가 나를 한 번 쳐다보고 말했어.

"맞아. 우리가 황사 때문에 고생하는 이유가 뭐니? 중국이 무분

별하게 공장을 짓고, 기술을 개발하면서 환경을 오염시키니까 그런 거잖아."

"그런데 그게 뭐 어디 중국뿐이냐? 우리나라도 그렇고 미국도 그렇고 전 세계가 다 그런 거지."

수아가 말하고 있는데 현이가 퉁명스럽게 불쑥 한마디 내뱉었어. 그러니까 수아가 살짝 웃으면서 말했지.

"그래, 더 큰 문제야. 기술이 점점 발달하니까 사람들이 편리한 생활을 하잖아. 그러니까 기술, 기계는 무조건 좋다고 생각하는 것 같아. 사람을 위해서 과학 기술을 하는 건데, 나중에는 과학 기술을 위해서 사람이 있어야 할 것 같아. 왜 그렇게 되겠니?"

"그게 다 사람들이 자신의 존재를 잊어서 그런 거란 말이지?"

"하이데거는 그렇게 생각했다고 해. 그래서 말인데, 나, 연극의 주제를 정했어."

"듣던 중 반가운 소리다. 그게 뭔데?"

"바로 잃어버린 존재를 찾아가는 모험 이야기야!"

"모험 이야기라니 재미있을 거 같아. 자세한 내용은 어떤 거야?"

"그건……."

수아가 신이 나서 이야기 하려는데 갑자기 남석이가 손을 들어

막았어.

"야, 김남석! 갑자기 왜?"

"저기. 연극도 좋고 존재도 좋은데 말이야……. 우리, 뭐 먹고 하면 안 될까?"

"뭐야?"

"사실 난 아까 정신이 햄버거를 먹는다느니 어쩌고 할 때부터 너무 배가 고팠단 말이야. 우리 햄버거 먹자! 난 더블버거 먹을 거야!"

3 본격적인 연습 시작!

수아가 열심히 대본을 쓰는 동안 나와 현이와 남석이는 연기 연습을 하기로 했어. 연극 연습을 하려면 몇 가지 준비물이 필요해. 물론 구하기 힘든 것은 아니야.

우선 흰 벽이 필요해. 흰 벽이 갑자기 어디서 생기냐고? 너무 걱정하지 않아도 돼. 너희들 방의 벽이 무늬가 없는 흰색이라면 따로 준비할 필요가 없어. 그런데 만약 진한 무늬가 있는 벽지라면 그림자가 비춰질 때 방해가 되겠지? 그럼 흰색 이불이나 큰 종이를 구해서 벽에 고정시켜 놓아야 해. 다음으로 그림자가 생기려면 뭐가 필요하겠어? 그렇지! '빛과 그림자'라는 말도 있듯이 그림자를 만들려면 빛이 있어야 하겠지? 강한 조명이 있으면 좋겠지만 만약 없다면 양초를 준비하면 돼.

나는 언니 서랍에서 언니가 선물 받은 아로마 향초를 몰래 꺼냈어. 이 양초는 심지에 불을 붙이면 마음이 편안해지는 좋은 냄새가 나는 향초야. 나는 혁수에게도 이런 향기가 도움이 될 거라는 생각이 들었어.

수아는 큰오빠 방에서 대본을 쓰고 있었어. 어떻게 빌렸는지 모르지만 아저씨의 빨간색 빵모자를 쓰고서 말이야. 나는 틈틈이 손동작을 연습하면서 방문을 살짝 열어 보았어. 그런데 수아도 아저씨와 똑같이 모자에 달린 꼭지를 만지면서 쓰고 있더라고. 나는 웃지 않을 수 없었어.

"수아는 대본 언제 다 쓰니? 대본이 나와야 손동작을 연구하던지 인형을 이용해서 배역을 정하든지 할 텐데 말이야."

"그러게 말이야. 정해진 것도 없이 하루 종일 그림자놀이를 하려니 지루해 죽겠다."

아이들은 엄마가 깎아 준 사과를 먹으며 푸념을 하고 있었어. 수아는 아이들이 하는 말을 들었는지 오빠 방에서 나오며 말했어.

"아무래도 내가 잘못 생각한 것 같아."

"뭐가 잘 안 돼?"

"응. 혼자 쓰는 건 아무래도 무리야. 너희들이 나를 좀 도와줘야겠어."

"그건 그래. 배수아 네가 아무리 작가 지망생이라도 말이야. 천재가 아닌 이상 너 혼자 연극 대본을 다 쓰기엔 무리지, 암."

"그래, 그래. 내가 잘난 척 좀 했다. 그런데 이게 그렇게 쉬운 일이 아니야. 우선 존재에 대해서 좀 알아야 쓸 수가 있잖아. 자, 내가 참고하고 있는 우리 아빠 책이야. 하이데거 아저씨가 쓴 존재에 관한 책이지. 이걸 모두 읽고 다 같이 대본을 쓰는 거다! 오케이?"

"뭐? 이 두꺼운 책을 다 읽어야 한다고? 에휴, 이걸 언제 다 읽는다냐……."

"자, 자! 천릿길도 한걸음부터라는 말도 있잖아. 우선 첫 장부터."

현이는 의기양양하게 책을 펼쳐들었어.

"제 1장 존재 망각."

"어라? 이거 첫 장부터 어려운 단어가 나오잖아?"

"'존재 망각'이라니. 그게 도대체 뭐야?"

현이는 책을 읽어 내려가다 말고 어려운 말이 나오자 원고 읽는 것을 멈추었어. 그도 그럴 만 하지.

"야, 너 바보 아냐? 전에 햄버거 먹으면서 이야기했잖아. 정신이 건강하지 못한 이유가 바로 사람들이 자신의 존재를 잊어버려서 라고. 벌써 다 까먹었나?"

"그걸 내가 왜 까먹어? 존재를 잊어버린다고 했지, 망각이라고 는 안 했잖아?"

"아이고, 속 터져. 잊어버린다는 걸 좀 더 어려운 말로 망각한다 고 해. 그러니까 같은 말이라고!"

"아~ 난 또. 어른들은 왜 이렇게 어려운 말을 쓰는지 몰라. 그래 서 존재를 잊어버리는 게 안 좋은 거니까 존재를 찾아야 한다는 그 말을 하고 있는 거지?"

"나도 정확히 모르지만 한 번 들어 봐. 하이데거 아저씨의 가장 중요한 질문은 존재한다는 것이 무엇을 의미하는가, 한마디로 그 아저씨가 한 연구는 '존재 물음'이라 할 수 있지."

"존재 물음?"

"그래, 존재한다는 것은 쉽게 말해서 '있는 것'이잖아."

"그렇지."

"하이데거는 존재를 두 가지로 구분했어. 하나는 다른 것과 관계 맺지 않고 홀로 살 수 있는 존재이고, 다른 하나는 다른 것들에 기대어 사는 존재야. 하이데거는 앞의 존재를 '본래적 존재'라 불렀고, 뒤의 존재를 '비본래적 존재'라고 불렀어."

수아는 여기까지 설명해 준 뒤에 빙그레 웃음을 지었어. 나는 얼굴이 화끈거렸어. 수아는 아마도 내가 아저씨에게 '비본래적 존재'를 '안 본래적 존재'라고 엉터리로 대답한 것이 생각이 나는가 봐.

"본래적 존재란 자신에게 주어진 문제에 대한 답을 다른 사람에게 구하지 않고 스스로 답을 찾고 자신의 삶을 결정할 수 있는 존재를 말하는 거야. 그럼 하이데거가 바람직하다고 생각하는 존재는 어떤 존재겠어?"

"그야 당연히 스스로 생각하고 답을 구하는 '본래적 존재'겠지."

현이는 그 정도야 아무것도 아니라는 듯 으쓱하며 대답했어.

"그래서 하이데거는 '자기 자신으로부터 나오는 것만이 유일한 가치를 지닌다'는 말을 남겼어."

"오~ 그 말 정말 멋지다. 나중에 써 먹어야겠다. 히히."

현이는 진지하다가도 금세 장난을 치는 아이였던 거야.

"수아 네 말대로라면 존재라는 용어를 너무 어렵게 생각할 필요는 없겠네. 그냥 '있음'이라고 생각하면 되는 거지?"

"그래. 철학자들은 이 세계를 있음과 없음으로 분류해서 이해했어. 만약에 현이 네 할머니가 살아 계신다면, 할머니는 네 곁에 '있음'이고, 만일 돌아가셨다면 네 곁에 없으니까 '없음'이지. 철학에는 있음을 '존재'라고 하고 없음을 한자로 무(無)라고 하잖아. 그런데 존재에는 우리가 눈으로 보고 손으로 만질 수 있는 존재가 있고, 우리가 직접 눈으로 보거나 손으로 만질 수 없어도 존재하는 존재가 있어. 앞에서 말한 '존재 망각'이란, 눈에 보이지 않아도 존재하는 것들을 잊어버린 상태를 말하는 거야."

"그러면 '존재'를 찾으려면 어떻게 해야 하는 거지?"

"그게 바로 중요한 건데……."

수아와 현이는 책을 읽어 줄 생각도 하지 않고 '존재'에 관한 이야기를 나누었어. 수아가 아저씨의 빨간 빵모자를 고쳐 쓰고 말하려는 순간, 우리 집 거실에 걸려 있던 뻐꾸기시계가 6번 울었어.

"어? 6시다. 만화 보러 가야 하는데. 수아야, 존재를 찾으려면 어떻게 해야 하는지는 다음 모임에서 알려 줘! 그럼 난 간다.

안녕!"

현이는 미처 옷도 입지 않고 점퍼를 들고 현관으로 나가버렸어.

"야, 장현! 나도 같이 가!"

물론 단짝인 남석이도 두말할 필요가 없고 말이야.

4 우리는 일촌!

연극 구상을 하고 있는 사이사이에 나는 혁수의 미니홈피에 자주 방문했어. 요 며칠 동안 혁수 어머니에게 들은 얘기론 혁수가 많이 우울해 하고 있다는 거야. 난 혁수의 심정을 알 것도 같았어. 혁수는 나랑 똑같은 나이인데 언제 나을지도 모르는 병마와 싸우는 일이 몹시 힘들기도 할 거야. 난 매일같이 혁수의 미니 홈피에 방명록을 남기기로 했어.

혁수야, 오늘은 날씨가 정말 추웠지? 난 아침부터 침대에서 일어나기가 너무 싫어서 늦잠을 자다가 지각하고 말았어. 그래서 교실 뒤로 나가서 20분이나 벌서고 있었어. 사실은 추워서 일어나기 싫기도 했지만 어젯밤 늦게까지 인터넷을 했거든. 반 친구들의 미니홈피와 블로그를 방문하기도 하고…… 사실은 이준기 오빠의 팬 사이트에 가서 여러 장의 사진도 구경했어.

그런데 그것보다 더 집중해서 봤던 게 있어. 바로 '하이데거' 인물 검색이지. 다행히도 인터넷에 친절하게 나와 있어서 아저씨에게 들은 것보다 더 많은 것을 공부할 수 있었어. 내가 저번에 남긴 방명록에서 얘기했지? 하이데거인지 하이파이브인지 그 사람 때문에 나의 무식함이 들통 나고 말았던 그 사건 말이야. 그래서 다음에 수아네 집에 가서도 얼굴이 빨개지지 않도록 공부 좀 했지. 너한테도 내가 공부한 걸 좀 알려 주고 싶은데, 너도 궁금하지?

저번에는 어디까지 얘기했지? 응. 본래적인 삶에 대해 얘기했잖아. 전에도 말했듯이 본래적인 삶이란 무조건 남의 말만 듣는 게 아니라 자기가 무엇이 올바른지 판단해서 살아가는 삶을 본래적인 삶이라고 한대.

내가 하이데거를 검색하다가 알게 된 건데 인터넷에는 참 똑똑한 사람들이 많은 것 같아. 내가 지식 검색 사이트에 하이데거에 대해서 궁금하다고 질문을 올리자 어떤 사람이 하이데거를 이해하는데 도움이 될 거라고 하면서 톨스토이라는 작가의 책을 추천해 주었어. 러시아의 작가인데 〈사람은 무엇으로 사는가〉라는 책을 썼대. 제목이 참 웃기지? 사람이 무엇으로 살겠어, 당연히 밥으로 살지, 안 그래? 나도 처음에는 그렇게 생각했는데 당장 서점에 가서 그 책을 구해 읽고서는 아니라고 생각했어.

톨스토이는 '사람은 무엇으로 사는가?'라고 물었어. 천사인 미하일을 통해서 그는 '사람은 사랑의 힘으로 산다'고 답을 내렸어. 시간이 된다면 너도 한 번 읽었으면 해! 다음에 병문안을 갈 때 책을 가지고 갈게. 이중기 오빠가 나오는 드라마보다는 재미있지 않지만 그래도 좋은 책이라는 생각이 들어. 너 같으면 어떤 답을 내리고 싶어? 네 생각이 궁금해. 사람은 무엇으로 사는 걸까? 돈? 학교 성적? 친구? 힘? 물론 사람마다 생각이 다르기 때문에 다양한 답을 할 수 있겠지. 그렇지만 톨스토이는 자신의 오랜 경험과 폭넓은 독서 그리고 깊은 생각을 가지고 말했어. 바로 '사람은 사랑의 힘으로 산다'고 그랬지. 너는 사람이 사랑의 힘으로 산다는 것을 어떻게 생각해? 찬성, 아님 반대?

너무 어려운 얘기만 한 것 같아. 안 그래도 병실에서 이렇게 긴 글을 읽느라 힘들 텐데 말이야. 그럼 오늘은 이만 쓰고 갈게.

참, 가기 전에 한 가지 퀴즈!

하이데거가 어느 나라 사람이~~게? 정답은 내 홈피에 와서 방명록에 남겨줘. 절대로 내 홈피의 방문자수를 높이려고 하는 게 아니야. ㅋㅋ.

2007-12-19 22:04

안녕? 나 혁수야. 방명록 남겨줘서 고마워. 병원에서 안 그래도 심심한데, 네 방명록 잘 읽고 있어. 그런데 나 사실 네 홈피 처음 와 보는 거 아니야. 전에 현이 홈피 가서 파도 타고 자주 들어가 봤거든. 그런데 너랑 많이 친하지 않은데 방명록 남기기가 쑥스럽더라고. 그래서 그냥 사진이랑 일기만 보고 가곤 했어. 그런데 넌 사진발이 안 받는 것 같다. 실물이 훨씬 더 예쁜데.

그건 그렇고. 하이데거가 어느 나라 사람이냐니? 날 뭘로 보는 거야. 나도 지식맨이라는 친구가 있다고!

독일 사람, 맞지? 나도 네 방명록을 읽고 하이데거라는 사람이 궁금해져서 살짝 인물 검색을 해봤지. 그런데 하이데거가 히틀러랑 같은 시대에 살았던 사람이더라? 그 콧수염이 웃기게 난 그 아저씨가 히틀러 맞지? 제2차 세계대전을 일으킨. 그 아저씨랑 같은 시대 사람이면 전쟁이 한창일 때 살았다는 말인데, 내 생각으로는 아마 전쟁 때문에 하이데거가 인간의 존재에 대해 연구한 것일 수도 있다는 생각이 들어. 전쟁이 일어나면 인간의 존재를 소중히 여기기보단, 당장 어떻게 해야 전쟁을 이길 것인지, 어떻게 해야 남보다 음식을 많이 먹을 수 있는 지가 관심거리잖아. 따라서 자연스럽게 인간은 소외되기 마련인데, 아마 그래서 하이데거가 인간에 대해서 생각해 보기로 한 게 아닌가 싶어. 내 말이 맞나? 아닌가? ㅋㅋ. 아~ 잘 모르겠다. 너무 오랜만에 진지하게 생각하다보니 안 그래도 나쁜 머리가 더 아파지는 것 같아. 그럼 나는 이만 검사를 받으러 가야 해서 나가 볼게. 네가 답장 써 주면 아무리 아픈 검사라도 안 아플 것 같아. 그럼 안녕~!

2007-12-20 10:07

나는 혁수가 남긴 방명록을 끝까지 꼼꼼하게 읽어 보았어. 다행히 혁수는 인터넷을 할 수 있을 정도로 건강한가 봐. 나는 사실 내가 남긴 방명록을 혁수가 보지 못할 정도로 아픈 게 아닌가 걱정이었거든. 방명록을 쓴 혁수의 아바타는 머리 위에 별이 반짝이고 웃는 얼굴이었어. 혁수의 아바타처럼 혁수가 어서 건강하게 웃을 수 있으면 좋겠는데. 나는 혁수의 아바타를 꾹 눌러 혁수의 미니홈피로 갔어. 혁수의 미니홈피에 가 보니 혁수가 어서 낫기를 바라는 친구들의 방명록이 가득했어. 혁수가 이 친구들의 마음을 안다면 당장 일어날 텐데.

그런데 혁수의 홈피에는 유난히 자주 방문하는 아이가 있었어. 이 아이는 홈피를 하지 않는지 실명이 아니라 '예쁜이 작가'라는 아이디만 있었어. 그리고 방명록에 글을 남기지 않고 주로 메일을 보냈으니 확인해 보라는 내용이었어. 난 혁수의 홈피에 자주 방명록을 남기는 이 아이가 누군지 궁금해졌어. 그런데 이 아이는 홈피도 없고, 그렇다고 혁수한테 물어볼 수도 없는 일이잖아.

난 고민에 빠졌어. 수아에게 상담할까 하다가 왠지 창피한 기분이 들어서 언니에게 상의하기로 했어. 언니에게 혁수에 대해 모두 이야기했지. 내가 혁수를 좋아하는 걸 알고, 언니가 놀리면 어쩌나 걱정했어. 그런데 웬일인지 언니는 내 고민을 진지하게 들어주었어. 그리고 다 듣고 나서는 이렇게 말했어.

"아름아, 언니가 생각하기에는 그 '예쁜이 작가'라는 아이디를 가진 친구와 혁수가 많이 친한 것 같은데, 아마도 서로 좋아하는 사이는 아닐 거야. 그냥 마음이 잘 맞고 편한 친구가 있잖아. 서로 진지한 애기도 나누는 편지 친구일 거야. 오히려 혁수가 미니홈피에 써 놓은 방명록을 봐서는, 혁수는 아름이 너한테 마음이 있는 것 같은데?"

"아, 아니야, 언니. 그런 것은 아니고."

난 왠지 얼굴이 뜨거워지면서 부끄러워졌어. 언니는 그런 날을 흐뭇하게 웃으면서 바라보고 있었어.

"우리 아름이도 다 컸네. 그런 고민도 하고. 아름이 태어났을 때 언니가 기저귀 갈아줘 가면서 키웠는데 말이야."

어라? 언니가 나를 다시 보게 되다니, 이렇게 머리까지 쓰다듬어 줄 정도면 내가 귀여워 보이긴 했나 봐. 나는 기회는 이때라고 생각했어.

"언니, 그런데 나, 언니한테 고백할 게 있는데……."

"그래? 뭔데?"

"나 사실, 아이들이랑 그림자 연극 연습할 때 말이야, 언니 아로

마 향초를 다 썼어."

"뭐? 내가 아끼는 그 향초를 말이야? 한아름, 나 더 이상 못 참아, 이리 와!"

기저귀 갈아가며 나를 키웠다는 언니가 삽시간에 마녀로 돌변했어. 나는 재빨리 큰오빠 방으로 와서 문을 잠갔지. 히히.

정신의 소중함과 존재 의미의 중요성

　수아와 친구들은 〈벌거벗은 임금님〉이라는 연극을 보았습니다. 다가오는 그림자 연극을 준비하기 위해서였죠. 친구들은 벌거벗은 임금님이 어리석다고 하였습니다. 하지만 수아는 친구들에게 눈에 보이는 것이 다가 아니라는 말을 합니다. 여기에서 수아의 말은 존재를 이해하는데 중요합니다. 존재는 눈에 보이는 것도 있지만, 눈에 보이지 않는 것도 있기 때문입니다. 눈에 보이지 않지만 존재하는 것은 어떤 것이 있을까요? 수아가 말하고 있듯이, 정신과 마음을 들 수 있습니다. 정신은 눈에 보이지 않지만 생각하는 역할을 하기 때문에 존재하잖아요.

　하이데거는 현대인들이 눈에 보이는 것에만 관심을 둔 나머지 정신과 같은 눈에 보이지 않는 존재에 대해서는 소홀히 하고 있다고 말합니다. 참된 존재는 우리가 소홀히 하여 잃어버린 정신과 같은 존재입니다. 우리가 정신이 소중하다는 것을 모르고 무시한다면 많은 문제가 일어나기 마련이에요. 여러분 주위를 둘러보세요. 학교에서 친구가 왕따를 당하고, 집 앞에 흐르는 강물은 더러워서 냄새가 나고, 자신이 가진 이익만 생각하는 이기주의가 일어나고 있어요. 이런 문제는 바로 정신의 소중함을 깨닫지 못했기 때문에 일어난 것입니다. 봄마다 중국에서 불어오는 황사 때문에 마스크를 써야 할 정도로 불편함을 느낍니다. 우리가 황사 때문에 불편하다고 느끼는 이유는 인간이 눈앞의 이익만 생각하고 자연이 가지고 있는 소중한 가치를 깨닫지 못했기 때문입니다.

그러면 이러한 문제는 어떻게 극복할 수 있을까요? 바로 정신의 소중함과 존재 의미의 중요성을 깨달아야 합니다. 눈에 보이는 것은 금방 사라질 수 있어요. 하지만 눈에 보이지 않는 것은 오랫동안 여러분의 마음속에 자리 잡고 여러분의 앞날을 비춰주는 등불이 되죠.

여러분은 자신의 몸을 위해서는 맛있는 음식도 먹고 운동도 하지만 여러분의 정신을 위해서는 어떤 노력을 하고 있나요? 다양한 독서와 폭넓은 생각 그리고 다른 사람을 배려할 줄 아는 자세가 필요합니다. 꾸준하게 노력할 때 여러분의 정신은 살이 찌고 우리 사회도 건강해질 것입니다.

3

파랑새를 찾아서

 '존재가 무엇인가'라고 질문하지 않고, '존재는 우리에게 어떻게 있는가'라고 질문한다.

– 하이데거, 《존재와 시간》

1 혁수를 위한 선물

오늘은 토요일이야. 혁수가 입원한 병원은 토요일에는 면회 시간이 정해져 있지 않아서 면회가 비교적 자유롭대. 그래서 우리는 다 모여서 혁수 병문안을 가기로 했어. 우리는 인터넷 메신저에서 만났지.

얼짱 현이 : 어휴 춥다. 야~ 왜 이리 추운거야?

남돌이 최고 : 현이 네가 만날 썰렁한 이야기만 해서 그런 거야,

짜샤.

얼짱 현이 : 내가 썰렁하다고? 야, 내 꿈은 개그맨이란 말이야.
좀 더 연습해서 〈웃찾사〉에도 나가고 얼짱 개그맨이 될거얌~.

남동이 최고 : 즉!

예쁜이 쏴 : 야야 그만 하고 내일 몇 시에 만날까?

중기 오빠♡아르미 : 음, 점심 먹고 만나는 게 어떨까? 혁수도
점심 시간이 끝난 뒤가 편할 것 같은데.

예쁜이 쏴 : 그러는 게 좋겠지? 그럼 두 시에 병원 앞에서 보는
걸로 하자. 오키?

얼짱 현이 : 오키!

남동이 최고 : 오케바리!

예쁜이 쏴 : 그런데 나한테 좋은 생각이 있는데.

남동이 최고 : 뭔데? 빨리 말해. 나 카트하기로 친구랑 약속했단
말이야.

예쁜이 쏴 : 다른 게 아니고, 혁수한테 힘을 내라는 의미로 각자
선물을 한 가지씩 준비했으면 해서.

얼짱 현이님의 대화명이 얼짱 개그맨 현~으로 바뀌었습니다.

얼짱 개그맨 현~ : 선물? 무슨 선물?

예쁜이 쑤아 : 뭘 정해서 사자는 게 아니고, 그냥 각자 알아서 준비했으면 해. 비싼 거나 새로 사는 것보단, 집에 있는 물건들 중에서 자기가 아끼는 걸로 준비해 오는 편이 혁수도 더 좋아할 거야.

중기 오빠♡아르미 : 그거 정말 좋은 생각이다! 쑤아 너 어쩜 그런 생각을 했니. ㅋㅋ

예쁜이 쑤아 : 내가 또 한 기발하잖아. ㅋ

남동이 최고 : 야 여자애들 또 시작이다. 서로 띄워 주기! 짜증난다, 우리 그만 나가자.

얼짱 개그맨 현~ : 그래, 그래. 에휴. 우리 카트하러 나간다~. 안뇽.

예쁜이 쑤아 : 선물 꼭 잊지 말고 준비해!

중기 오빠♡아르미 : 쟤네들 진짜 준비해 올까?

예쁜이 쑤아 : 아마 해올 거야. 애들이 장난을 많이 쳐서 그렇지 속은 깊은 애들이잖아.

중기 오빠♡아르미 : 하긴, 난 목사님이 우리가 모은 돈 혁수한테 주자고 했을 때 애들이 반대할 줄 알았거든. 근데 너무 쉽게 그러자고 해서 좀 놀랐어.

예쁜이 쑤아 : 난 네가 반대할 줄 알았는데?

중기 오빠♡아르미 : 내가?

예쁜이 수아 : 응. 연극할 때 배우들 입을 의상 만든다고 너 굉장히 들떠 있었잖아. 그런데 못하게 되서 서운하지 않았어?

중기 오빠♡아르미 : 서운하기야 했지. 근데 혁수 병을 낫게 하는 게 무엇보다 중요한 일이니까.

예쁜이 수아 : 그러고 보니 너 혁수랑 꽤 친한 것 같더라? 혁수 홈피에 가 보니 네 방명록이 많던데? 그런데 병문안 가면 왜 그렇게 어색해?

중기 오빠♡아르미 : 뭐 친하다기보다는, 그냥. 걔랑 나랑 어쩌다 보니 인촌을 맺게 되서 그렇지, 그렇게 친한 건 아니야. 그보다 넌 내일 선물 뭐 가지고 올 거야?

예쁜이 수아 : 아~ 그건 비밀이야! ㅋㅋ.

중기 오빠♡아르미 : 뭔데 그래?

예쁜이 수아 : 기대하시라! 세상에 단 하나밖에 없는, 나 배수아만이 줄 수 있는 선물이지. ㅋㅋ.

나는 도대체 수아가 준비한 선물이 뭔지 궁금해졌어. 수아가 어떤 선물을 하든지 내가 더 좋은 선물을 하고 싶었거든. 언니나 엄

마한테 용돈을 타서 선물을 살까도 생각했지만 수아의 선물을 생각하니 그러기가 싫었어. 나도 수아처럼 세상에 단 하나뿐인 선물을 준비하고 싶었어.

뭘 줄까 곰곰이 생각하나 옷장을 뒤져 보았어. 옷장 맨 밑에는 작아져서 입지 않는 옷들이 보관되어 있었어. 나는 그 중에서 하늘색 스웨터를 꺼냈어. 스웨터의 소매 부분에 있는 매듭을 가위로 잘라 스웨터의 실을 모두 다 풀어냈어. 스웨터의 실을 모조리 풀어내니까 마치 새 털실 같았어.

나는 이 털실로 혁수가 쓸 만한 털모자를 만들려고 해. 전에 병원에 갔을 때 머리카락이 하나도 없는 혁수가 머리에 흰 수건을 쓴 모습이 맘에 걸렸거든. 나는 엄마의 뜨개질 책을 가져와서 털모자 뜨는 법을 펼쳤어. 동그랗고 귀여운 방울이 달린 털모자를 뜰 거야. 혁수는 얼굴이 하야니까 하늘색이 잘 어울릴 거야.

그런데 내일 오후까지 모자를 다 뜰 수 있을까? 전에 시험 삼아 곰돌이 인형이 쓸 털모자를 떠 본 적은 있지만 사람이 쓰는 모자는 처음이거든. 아마 밤을 새야 할 거야. 난 잠이 많은 편이라 밤에 잠을 자지 못하면 안 되는데. 난 잠시 고민이 되었어. 잠을 자야할지, 아니면 혁수의 선물을 준비할지 말이야. 하지만 내일은 학교 수업도 없는 날이잖아? 게다가 혁수가 선물을 받고 좋아할 표정을 떠올리니 졸음도 다 달아나는 기분이었어. 어서 혁수에게 씌워 봤으면.

2 세상에 단 하나뿐인 모자

나는 밤을 꼬박 새워 겨우 모자를 다 만들었어. 이렇게 어려운 뜨개질은 처음이라 코바늘을 잘못 끼워서 실이 촘촘하지 않고 듬성듬성하지만, 그래도 처음인데 이 정도면 잘한 거라고 생각해. 나는 아이들과 약속한 시간에 맞춰 병원으로 향했어. 저 멀리서 현이와 남석이가 장난을 치고 있는 것이 보였지.

"애들아~!"

"오~ 지각 대장 한아름이 웬일로 이렇게 일찍 오셨나?"

현이가 날 위아래로 훑어보며 말했어.

"역시 여자애들은 혁수 일이라면 열성이란 말이야. 김혁수 이 자식 왜 그렇게 인기가 있는 거야?"

"그, 그런 거 아냐! 너희는 혁수가 그렇게 아픈데도 혁수를 질투하는 거야?"

"질투라니? 우리가? 이 김남석님의 자존심에 상처를 내는 말을 하다니!"

"자 자, 그만들 하고 너희들 선물 다 준비해 왔어?"

나는 정말로 큰 싸움이 될까 봐 얼른 말을 돌렸어.

"그럼, 당연히 준비해 왔지! 기대하시라 짜잔~!"

단순한 현이와 남석이는 금방 기분이 풀어졌는지 금방 헤헤거렸어.

"그런데 수아는?"

"수아는 선물 포장을 한다고 잠깐 갔어."

그래서 우리는 먼저 올라갔어. 혁수는 우리가 오기를 기다리고 있었는지 침대에서 일어나 앉아 있었어. 오늘도 혁수는 기분이 좋아 보였어.

우리는 혁수와 인사를 나누고 수아를 기다렸어. 수아는 헐레벌

떡 뛰어들어 왔어. 난 왠지 긴장이 돼서 혁수에게 줄 선물만 만지 작거렸어.

"오래 기다렸지? 미안. 다들 선물은 준비해 왔지?"

"선물이라니?"

혁수는 눈을 동그랗게 뜨고 물었어. 아마 혁수를 놀라게 하려고 수아가 미리 말하지 않은 모양이야.

"응. 사실 내가 혁수 너한테 힘을 내라는 의미로 아이들에게 선물을 준비하자고 했거든. 각자 자기가 주고 싶은 걸로."

수아는 어깨를 으쓱하며 말했어. 난 그런 수아가 어쩐지 얄미웠어. 물론 먼저 선물을 준비하자고 말한 건 수아지만 말이야. 혁수는 감동했는지 아무 말도 못하고 고개만 숙였어.

"그럼 우리가 준비한 선물을 공개하기로 할까? 누구부터 할까? 수아 너부터 할래?"

"아니, 난 맨 마지막에 하겠어. 깜짝 놀랄 선물이거든!"

도대체 무슨 선물을 준비했기에 수아는 저렇게 자신만만한 걸까? 사실 나는 내 선물을 마지막에 주고 싶었지만 먼저 이 계획을 세운 건 수아니까 양보해야지 뭐.

"내가 먼저 할게! 선물 퍼레이드의 첫 장을 열, 이 김남석 님의 선물은!"

다들 반짝반짝 눈을 빛내며 남석이를 쳐다보았어.

"최신 전자 게임기!"

남석이가 꺼내 든 것은 요즘 한창 인기 있는 휴대용 게임기였어. 우리 반 남자애들도 모두 이 게임기를 가지고 싶어서 부모님을 조르는 중이었어.

"야, 남석아. 이건 네가 무지 아끼는 게임기잖아. 이걸 혁수에게 주겠다고?"

"물론. 내가 되게 아끼는 거긴 한데, 뭐 혁수를 위해서라면 야. 내가 또 한 의리 하잖아~."

게임광인 남석이가 제일 아끼는 게임기를 혁수 선물로 내놓다니 난 정말 놀랐어. 혁수도 같은 생각인지 선물을 받지도 않은 채 말했어.

"남석아, 난 이 선물 받을 수 없어. 이걸 네가 얼마나 가지고 싶어 했는데……. 너 얼마 가지고 놀지도 못했잖아."

"아니야. 무지 가지고 싶었는데 막상 가지니까 별 재미가 없더라고. 난 밖에서 뛰어노는 게 더 재미있어. 그렇지만 혁수 넌 밖에 나가 놀 수가 없잖아. 병실에서 혼자 심심하니까 게임이라도 하면 어떨까 해서."

현이와 같이 만날 장난만 치는 줄 알았던 남석이가 이렇게 속이 깊고 마음이 넓은 아이인지 난 미처 몰랐어. 나는 쑥스러운지 머리만 긁적이는 남석이를 쳐다보았어.

"자, 그럼 다음은 누구 차례지? 현이 네가 공개할래?"

"좋지. 내 건 남석이 거에 비하면 비싼 것도 아니고 볼품없긴 한데……."

현이는 커다란 봉지에서 뭔가 무거운 것을 끙끙거리며 꺼냈어. 굉장히 커다란 화분이었어. 초록색 딱딱한 잎사귀가 화난 것처럼 하늘로 뻗어 있었어.

"이게 뭐야? 알로에야?"

"아니, 알로에가 아니고, 산세베리아라는 거야."

"산세베리아?"

"응. 우리 엄마가 그러는데 이 화분이 공기를 맑고 깨끗하게 하는데 큰 도움을 준대. 혁수 넌 병실 밖에 나가지 못하잖아. 병실 공기가 좋아야 네 병도 빨리 나을 것 같아. 처음에는 작은 잎사귀였는데 내가 열심히 가꿔서 이렇게 쑥쑥 자랐어. 내가 정말 내 동생처럼 키운 거니까 받아 줘."

"우와! 보기만 해도 진짜 가슴이 탁 트이고 공기가 맑아지는 것 같아!"

혁수는 기쁜 나머지 자신이 환자인 것도 잊고 마구 소리를 질렀어.

"자, 이젠 아름이 차례네! 아름이 넌 뭘 준비해 왔어?"

아이들이 하나씩 선물을 공개할 때마다 난 마음이 무거워졌어. 다들 정성이 가득하고 좋은 선물을 준비해 왔는데 나만 그렇지 않은 것 같았거든.

"응, 난. 별 건 아니고. 그냥 혁수 머리가 허전해 보여서……."

나는 포장한 선물을 혁수에게 내밀었어. 혁수는 포장지를 조심조심 뜯었어. 다른 아이들도 모두 포장지를 뜯는 혁수의 손에 시선을 집중했어.

"우와! 이건 털모자잖아?"

혁수는 놀라며 내 얼굴을 쳐다보았어.

"안 그래도 내 밋밋한 머리가 너무 추웠는데……. 고마워, 아름아. 정말 잘 쓸게."

"와, 모자 정말 예쁘다! 어디서 산 거야? 나도 털모자가 필요했는데."

수아가 내게 물었어. 그것까지는 좋았는데, 내가 혁수에게 준 모자를 가져가서 써 보는 거였어. 내가 혁수를 위해 만든 모자를 수아가 먼저 써 보다니! 나는 화가 났지만 꾹 참기로 했어. 내가 만든 모자를 예쁘다고 칭찬해 줬으니 말이야.

"그 모자 산 거 아니야."

"어? 그럼 어디서 났어? 네가 쓰던 거야?"

"아니 그게 아니고……. 그거 내가 만든 거야."

"이 모자를 네가 직접 만들었다고? 에이, 너 거짓말하는 거지? 이렇게 예쁜 모자를 네가 어떻게 만들어?"

현이는 정말 믿지 못하겠는지 손가락으로 모자를 뱅글뱅글 돌리며 말했어.

"아니, 아름이 말이 맞는 것 같은데? 여기 혁수 이름도 새겨져 있잖아."

"어? 정말이네? 김혁수라고 실로 새겨져 있잖아? 그럼 이걸 정말로 아름이 네가 만들었단 말이야? 그런데 내가 선물을 준비하자고 한 건 바로 어제였잖아. 하루 만에 이걸 만든 거야?"

"응. 어젯밤을 샜거든."

"우와! 대단하다. 밤새 이런 걸 만들다니. 야, 한아름. 나도 하나

만들어 주라, 응?"

"나도, 나도!"

아이들이 너나 할 것 없이 내가 만든 모자를 칭찬하자 밤을 새며 고생한 것이 보상받는 것 같아 기분이 좋았어. 혁수도 모자를 자랑스러워 하는 것 같았어. 물론 혼자만의 착각일지도 모르지만 말이야. 이제 아이들은 수아가 뭘 선물할 지 궁금해 했어. 물론 나도 무척 궁금했지만 티는 내지 않았어.

"배수아! 네 선물은 도대체 뭐 길래 맨 마지막에 공개하겠다고 한 거야? 어서 정체를 밝혀라!"

"응. 이건 정말 세상에서 하나밖에 없는 선물이거든. 자."

3 수아의 선물

수아가 포장지에 싼 물건을 내밀었어. 혁수는 조심스레 포장지를 풀더니 선물을 꺼내 우리에게 보여 주었어. 난 도대체 수아가 뭘 준비했을지 궁금해서 마음이 두근거리기까지 했지. 혁수가 포장지에서 꺼낸 건 책이었어.

"에이? 책이잖아? 배수아 넌 누가 공부벌레 아니랄까봐 책을 선물로 주냐. 시시하게~."

"그래, 가뜩이나 아픈 혁수 머리가 더 아프겠다! 나처럼 머리를

식힐 수 있는 선물을 줘야지. 병원에 누워서도 공부하라고?"

"으이그, 모르면 가만히 있어. 이건 보통 책이 아니란 말이야."

수아가 혁수에게 준 책의 표지에는 〈파랑새〉라고 적혀 있었어.

"〈파랑새〉? 이건 동화책이잖아. 치르치르와 미치르가 나오는 〈파랑새〉 맞지?"

"응, 맞아. 그 〈파랑새〉야."

"그런데 왜 하필 이 책을 준 거야? 난 이 책 읽었는데."

혁수가 고개를 갸우뚱거리며 수아에게 물었어. 사실 우리 모두가 궁금해 하고 있던 거였지. 수아가 이건 보통 책이 아니라고 한 것 때문에 말이야.

"그건 지금은 말해 줄 수 없어. 나중에 때가 되면 알게 될 거야. 그러니까 전에 읽었던 책이라도 한 번 더 읽어 봐. 너에게 도움이 될 거야.

"그래, 아무튼 고맙다. 다들 너무 고마워."

우리는 혁수가 행복해하는 모습을 보고 병원을 나왔어. 나는 집으로 가면서 수아에게 물어보았어.

"그런데 수아야. 혁수에게 동화책은 왜 선물한 거야?"

"응, 그건 우리가 할 연극을 〈파랑새〉라는 동화의 줄거리를 빌려서 하면 어떨까 해서. 너희들 생각은 어때?"

"〈파랑새〉의 줄거리를?"

"그래. 〈파랑새〉라는 동화를 보면 치르치르와 미치르 남매가 파랑새를 찾아 여행을 떠나잖아. 동화 안에서 파랑새는 진정한 행복을 상징하지만 우리는 그 파랑새를 존재라고 생각하는 거야. 파랑새, 즉 존재를 찾아가는 방법을 치르치르와 미치르 남매가 알려주는 거지. 어때?"

"우와~! 그거 정말 좋은 생각이다! 우선 〈파랑새〉 동화를 모르는 사람은 없으니까 말이야. 이해도 쉽고 재미있을 것 같은데?"

남석이와 현이는 벌써 시나리오가 모두 완성된 것처럼 기뻐했어. 물론 나도 대찬성이었고 말이야.

우리는 12월 23일, 그러니까 크리스마스이브의 이브 날, 혁수를 찾아갔어. 혁수는 연극을 보러 교회로 나갈 수 없기 때문에 우리는 혁수의 병실에서 따로 공연을 하기로 했어.

의사 선생님과 간호사 언니들에게 한 번만 눈감아 달라고 사정을 했지. 우리는 교회에서 할 것과 최대한 똑같이 공연했지. 혁수는 연극을 보는 내내 피곤하지도 않은지 계속 관심 있게 봐주었어. 그리고 연극이 끝나자마자 꽤 힘차게 박수도 쳐주고 말이야.

"우와!"

연극이 끝나자마자 혁수가 한 말은 바로 '우와' 였어.

"우와, 너희들 정말 대단하다, 대단해. 어떻게 그림자만으로 그렇게 훌륭한 연극을 할 수 있는 거야? 나 너무 감동 받아서 말도 못하겠어!"

우리는 혁수의 과장된 칭찬에 모두 부끄러워했어.

"그래? 혁수야. 괜찮았어?"

"그럼. 완벽해!"

"우리가 너를 위해 왜 이 연극을 준비했는지 알 것 같아?"

"응. 아무리 힘들고 아프더라도 내 존재를 망각하지 말라는 이야기지?"

"아까도 말했듯이 보통 현존재는 자기 자신을 잊어버리고 살아가기 마련이야. 마치 너처럼 말이야. 반대로 사람들은 진실한 자기를 만날 수 있는 기회를 갖기도 해. 혁수야, 지금 당장 몸이 아프다고 해서 존재를 불안해 하지 마. 어쩌면 이 일들이 너의 존재를 찾을 수 있는 좋은 기회일 수도 있어."

"응. 하이데거 아저씨의 말처럼 나한테 일어난 이 모든 일들이 내가 실존할 수 있도록 도와준 좋은 경험이 되었어. 물론 아직도

난 몸이 아프고 한참 더 치료를 받아야 하지만 너희들과 그리고 하이데거 아저씨의 도움으로 내 존재를 찾을 수 있게 된 것 같아. 만약에 이런 일이 없었다면 난 아직도 존재를 망각한 김혁수로 살고 있었을 거야."

혁수는 나중에 이 경험을 어떻게 기억하게 될까? 하이데거는 존재자들의 존재, 본래적인 존재가 확실하게 드러나게 만드는 경험이 있다고 말했어.

우리는 어느 한 순간 왜 살아가야 하는지 의문이 들 때가 있잖아. 매일 매일 아침에 일어나서 학교에 갔다가 학원에 가는 반복되는 생활에 갑작스런 사건, 예를 들면 바로 이번 일과 같은 큰 사건을 만날 때, 우리는 삶을 되돌아보게 되는 것 같아.

나도 혁수가 이렇게 되기 전에는 그저 부모님과 선생님이 시키는 대로 하는 평범한 여자아이이었어. 우리 집은 형제가 많아서 더욱 더 '존재'에 대해 생각해 볼 여유가 없었는지도 몰라. 처음에 나는 혁수를 도와주고 있다고 생각했지만, 실은 내가 혁수에게 많은 도움을 받고 있는 것 같아.

"아무튼 역시 작가 지망생은 달라! 대단한데? 자칭 예쁜이 작가님?"

예쁜이 작가? 그럼 혁수에게 매일 방명록을 남기고 메일도 주고받은 아이의 정체가 바로 수아란 말이야?

"예쁜이 작가? 네가 그 예쁜이 작가라는 아이디를 쓰는 거였어?"

"응. 전에도 말했지만 혁수도 작가가 꿈이래. 그래서 혁수가 아프기 전부터 나는 혁수랑 서로 쓴 글을 주고받았거든. 서로의 글이 좋다 나쁘다고 이야기해 주고 말이야."

"그래……, 그렇구나."

갑자기 나는 혁수에게 배신당한 느낌이 들었어. 왜 그런지는 모르겠지만 말이야. 아무리 혁수와 수아의 장래희망이 같다고 해도 수아와 혁수가 서로 친하게 지내는 게 싫었단 말이야.

혁수는 마치 방명록으로 나하고만 친한 것처럼 행동하더니 이렇게 뒤통수를 칠 줄이야!

나는 혁수와 수아에 대한 괘씸한 감정을 숨겨야만 할 것 같았어. 당장 할 일이 많았거든. 두고 봐! 언젠가 이 수모를 갚아 줄 테다!

마침내 연극을 공연하는 날이 왔어. 교회에서 가장 큰 강당은 교회 사람들과 병원 사람들, 의사 선생님, 간호사 언니들이 와 준 덕분에 자리가 꽉 찼어.

자, 그럼 너희들에게도 우리 연극을 조금만 맛보여 줄게. 너희도 〈파랑새〉라는 동화를 들어봐서 알 거야. 우리는 〈파랑새〉라는 동화를 이용해서 연극을 썼어. 치르치르와 미치르 남매는 파랑새를 찾아서 모험을 떠나는데, 파랑새는 다른 게 아니고 바로 치르치르와 미치르의 존재 자신이었어. 그런데 치르치르와 미치르는 세계 여러 곳을 돌아다니면서 온갖 고생을 하며 파랑새를 찾으려고 하지만, 정작 파랑새는 자기 집에 있는 대나무로 만든 작은 새장에 갇혀 있었어.

　우리는 바로 이 〈파랑새〉 동화를 이용해서 존재가 어디에 있는지 알려 주려고 했어. 바로 존재는 다른 데 있는 것이 아니라 스스로 생각하고 판단하는 자신 안에 있다는 걸 알려 주고 싶었어. 아까 '현존재'로서 인간이 자신의 존재의 의미를 찾아서 살아가는 것이 '실존'이라고 했지. 우리는 혁수에게 자신에게 일어난 일들이 혁수 자신을 실존할 수 있게 만들어 주었다는 사실을 알려 주고 싶었거든. 아니야, 내가 이렇게 줄줄이 설명하는 것보다 너희에게 우리가 쓴 연극 대본을 직접 보여 주는 게 좋겠지? 바로 백문이 불여일견! 자! 이게 바로 우리가 쓴 연극 대본이야!

4 파랑새를 찾아서

미치르 : 오빠, 오늘 저녁에 마리오의 집에서 크리스마스 파티가 있대.

치르치르 : 그래? (짐짓 모른 체한다)

미치르 : (망설이며) 오빠, 나 마리오네 가도 돼?

치르치르 : 가고 싶어?

미치르 : 응!

크리스마스 캐럴이 울리고 아이들의 웃고 떠드는 소리. 여러 가지 인형들이 춤을 추면서 그림자를 만들어 낸다.

다시 치르치르의 집.

미치르 : (두 손을 얼굴에 갖다 대고) 앙 앙.

치르치르 : (몸을 흔들면서 화를 낸다) 그만 울어! 그러니까 내가 마리오네 집에 가지 말자고 했잖아.

미치르 : 그렇지만 다른 애들도 다 갔는걸. 선물을 사 가지 않은 애는 나쁜이야. 오빠, 나도 다른 애들처럼 예쁜 옷 입고 비싼 선물 사 가고 싶어.

치르치르 : (한숨을 쉬며 의자에 앉는다) 다른 애들이 그렇게 한다고 해서 너도 똑같이 따라하는 것은 좋은 게 아니야. 너만이 할 수 있는 것을 찾아야지.

미치르 : 나도 알아. 하지만 그래도 너무 창피한 걸.

치르치르 : 미치르, 그만 자. 너무 늦었어. 내일 일어나면 오빠가 맛있는 쿠키를 구워 줄게.

치르치르가 자장가 불러주는 소리.

요술할멈 : 애들아, 그만 일어나라.

아이들 : (눈을 비비며) 할머니는 누구세요?

요술할멈 : 난 숲 속에 사는 요술할멈이야. 너희들은 착한 아이들 같구나. 내 부탁 하나 들어주지 않겠니?

아이들 : 그게 뭔데요?

요술할멈 : 내가 고이고이 기르던 파랑새를 잃어버렸단다. 정말 내가 자식처럼 아끼는 새인데 말이야. 너희가 그걸 찾아주면 이 다이아몬드를 주마.

미치르 : 다이아몬드요? 그게 뭔데요?

요술할멈 : 이 다이아몬드를 팔면 미치르 네가 원하는 예쁜 옷과 맛있는 음식을 마음껏 살 수 있단다.

미치르 : (기뻐하며) 그게 정말이에요? 그럼 저와 오빠가 그 파랑새를 찾아드릴게요.

요술할멈 : 착하구나. 그런데 중요한 것 한 가지를 알려 주마. 내가 찾는 파랑새는 또 다른 이름이 있단다.

치르치르 : 그게 뭐죠?

요술할멈 : 바로 '존재' 라는 이름이야.

미치르 : 존재요? 참 이상한 이름이네요.

요술할멈 : 존재라는 이름을 가진 내 파랑새를 꼭 찾아다오. 그리고 이건, 너희가 파랑새를 찾는데 도움이 될 만한 비법이 쓰인 책이다. 꼭 찾아다오, 내 파랑새를.

휘이잉 하는 바람 소리와 함께 요술할멈 퇴장.

치르치르 : 이걸 어쩌지.

미치르 : (명랑한 목소리로) 왜 그래, 오빠? 파랑새만 찾으면 우린 부자가 되는 거잖아? 그런데 뭐가 그렇게 걱정이야?

치르치르 : 바보야! 파랑새의 또 다른 이름이 존재라고 하는 것을 못 들었어? 존재를 찾는 건 그렇게 쉬운 일이 아니란 말이야.

미치르 : 걱정 마, 오빠. 할머니가 주고 간 책이 있잖아. 저 책을 읽어 보면 파랑새가 어디 있는지 찾을 수 있을 거야!

책장을 펴는 소리.

치르치르 : 이리 줘 봐! 내가 찾아볼게. 음. 찾았다! 잃어버린 존재를 찾는 여행! 이 부분을 읽어 보자. 잃어버린 파랑새를 찾는 데 도움을 줄 수 있을 거야. 잃어버린 존재를 찾아가는 여행은 인간이 가지고 있는 이해를 통해서 존재에 이르는 방법이 있대. 하이데거는 인간을 특별히 현존재라고 부른대. 현존재란 왜 존재하는지, 존재하는 의미가 드러나는 존재자를 뜻해. 예를 들어 인간은 이 책상이 여기에 있다는 것을 알고 있지. 책상은 여기 있는 것이긴 하지만 스스로 생각을 할 수는 없잖아? 그런데 인간은 이 책상이 여기 있다는 것, 즉 존재하고 있다는 걸 이해하고 있다는 말이야. 왜냐고?

책장을 덮는 소리.

미치르 : 오빠, 왜인지 알겠어?
치르치르 : 생각할 수 있으니까!

손가락을 탁하고 튕기는 소리.

치르치르 : 그래서 인간을 현존재라고 하는 거야. 자신의 존재를 찾는 여행은 결국 인간 자신의 문제라고 할 수 있어. 인간만이 자신의 존재에 있어서 존재 자체를 문제 삼고 있기 때문이야. 인간의 마음, 인간의 언어, 인간의 행동, 인간의 태도에서 존재 의미를 이해할 수 있다는 것이지.

미치르 : 와, 오빠는 책을 읽지 않는데도 이미 다 알고 있잖아? 파랑새를 찾는 게 더 쉬워지겠는데?

치르치르 : 아직 찾으려면 멀었어. 존재라는 이름의 파랑새를 찾으려면 결국 우리는 우리 자신의 존재가 무엇인지 생각해 봐야 해.

미치르 : 그러니까 우리 자신이 현존재가 되어야 한다는 말이지?

치르치르 : 그렇지.

미치르 : 그러려면 현존재의 특징을 알아야 하잖아.

치르치르 : 가장 처음에 나오는 특징은 음, 현존재는 자기의 존재와 관계를 맺는다는 점을 들 수 있대. 현존재는 세계와 따로 떨어뜨려서 생각할 수가 없어. 왜냐면 현존재란 바로 세계 속에 있어야 존재할 수 있는 거거든. 그러니까 혼자 있을 때나 꿈속에서 자신의 존재를 깨달았다고 해서 현존재가 되는 게 아니라 자기가

세계에서 어떤 모습인지 깨달아야 현존재가 될 수 있다는 거야.

　미치르 : 그런데 이상하다! 세계? 난 아직 세계 여행을 못해 봤는데?

　치르치르 : 바보야! 그 세계가 아니야. 세계란 꼭 여러 나라를 말하는 게 아니라 우리가 살고 있는 공간을 말하는 거야

　미치르 : 그래, 그럼 우리가 다니는 학교도 세계가 될 수 있는 거야?

　치르치르 : 그럼, 학교뿐만 아니라 우리가 다니는 교회, 가정도 세계가 될 수 있는 거야.

　미치르 : 그럼 세계 안에서 현존재가 되려면 어떻게 해야 하는 거야?

　치르치르 : '현존재'인 인간이 살아가야 할 방법이 바로 '실존'이야.

　미치르 : 실존? 그래 실존에 대해서 찾아볼게. 음…… (책장 넘기는 소리) 실존은 우선 자신의 중심을 잃지 않고 자신의 주체성을 지키는 삶의 태도를 말하는 거래. 근데 오빠, 주체성이 뭐야?

　치르치르 : 주체성이 뭐냐면, 그러니까 남들이 하자는 대로 끌려가지 않고 자기가 스스로 판단해서 행동하는 성격을 말해. 인간이

다른 동물과 다른 점이 뭘까? 바로 생각을 할 수 있다는 점이란 거지!

미치르 : 갑자기 그 유명한 명언이 생각나는데? '인간은 생각하는 갈대다' 이거 말이야.

치르치르 : 우리 미치르, 대단한데? 파스칼이 한 말이시? 파스칼의 말은 인간이란 갈대처럼 연약한 존재이지만 생각할 수 있다는 점에서 위대한 존재라는 뜻일 거야.

미치르 : 파스칼도 훌륭한 철학자잖아? 그럼 철학자는 다들 인간이 위대한 존재라고 생각하나 봐, 그렇지?

치르치르 : 그래, 생각해 보면 연약한 인간에 비하여 태양이나 달은 온 세상을 환히 비추지만 자신이 왜 거기에 존재하는지 그 존재 이유를 생각해 보지는 않잖아. 하지만 인간은 자기 자신을 되돌아보고 자신이 왜 사는지 삶의 의미가 어디 있는지 고민하는 존재지. 바로 이처럼 자기 자신에 대해 문제의식을 갖고 살아가는 인간의 존재 방식을 '실존'이라고 하는 것이지.

미치르 : 그럼 인간들은 다 실존적으로 살아가고 있는 거야?

치르치르 : 그렇지는 않은 것 같아, 실존은 스스로 생각하고 판단하고 결정할 수 있는 존재라고 했지? 하지만 모든 인간이 실존

을 하면서 살아가는 걸까? 미치르 너도 어제 저녁만 해도 다른 애들이 하는 것을 다 따라 하고 싶어 했잖아. 그게 실존을 하는 방식이라고 할 수는 없는 거잖아?

미치르 : (한숨을 쉬며) 그건 그래.

치르치르 : 미치르, 너무 걱정 마. 앞으로라도 실존적인 생활을 하면 되니까. 그 책에는 실존적인 생활을 하기 위해서 어떻게 하라고 나와 있니?

미치르 : 여기에는 이렇게 나와 있어 '실존적인 생활을 하기 위해서는 자신이 누구이고 무엇을 원하는지 알고 있어야 한다'고. 그런데 그건 쉬운 일이 아니래. '돈 벌기 위해 직장을 나가는 것도 바쁜데 그런 고상한 생각을 할 겨를이 있겠어요? 생활의 여유도 없이 살아가는 대부분의 사람들이 이러한 처지랍니다. 실존적인 인간이 되기 위해서는 무엇보다도 마음의 여유를 갖고 자신의 일이나 행동에 대해 반성하고 비판하고 생각하는 태도가 필요해요' 라고 말이야.

그때 갑자기 새소리가 나며 새가 한 마리 날아온다.

미치르 : 어, 저건? 오빠! 저 새가 바로 우리가 찾는 파랑새가 아닐까?

치르치르 : 아닐 거야. 저건 크고 화려한 공작새잖아. 우리가 찾는 새는 존재라는 이름을 가지고 있는 파랑새이지 저렇게 큰 공작새가 아니야. 자, 존재를 계속 찾아보자. 그 다음엔 뭐라고 쓰여 있지, 미치르?

미치르 : 음, 존재를 찾아 주려면 '세계 내 존재'라는 것도 한 번 알아봐야 할 것 같아.

치르치르 : 세계 내 존재?

미치르 : 응. 근데 그게 뭘까, 오빠?

치르치르 : 음. 우리는 인간이니까 현존재라고 할 수 있지?

미치르 : 그렇지. 우리는 존재한다는 걸 스스로 잘 알고 있으니까, 현존재지.

치르치르 : 그런데 우리는 아침에 일어나서 학교에 가고 밥을 먹고 교회에 가는 일상생활을 하잖아. 이렇게 일상생활을 하는 현존재를 '세계 내 존재'라고 말했어.

미치르 : 세계 내 존재? 뭔가 감이 온다, 와! 물론 우리 같은 존재가 살고 있는 곳은 세계잖아. 그러니까 이 세계 안에 우리가 있

다는 뜻 아니야? 어쩌면 우리가 찾는 파랑새도 우리가 사는 세계 안에 있다는 뜻인가?

치르치르 : 비슷하긴 한데 세계 속에 있다는 것은 옷장 속에 옷이 들어 있듯이 현존재가 세계 속에 들어 있다는 것이 아니래.

미치르 : 그럼?

치르치르 : 옷장과 옷의 관계는 공간에 의한 것이잖아. 그러니까 두 사물 간의 공간적인 위치일 뿐이잖아. 두 사물은 각각 한 사물이 없어도 존재할 수 있지?

미치르 : 그렇지. 옷을 옷장에서 꺼내면 옷 따로 옷장 따로가 되잖아.

치르치르 : 하지만 현존재는 처음부터 세계 속에 있어야만 존재하는 것이지. 세계 없이 현존재만 있을 수는 없다는 거야.

미치르 : 그러니까 현존재는 세계와 독립해서 존재할 수는 없다고 말한 거지?

치르치르 : 그래, 파랑새도 마찬가지로 세계 속에 있다는 말인 거야.

미치르 : 그럼 현존재가 세계 속에 있다는 것은 무슨 뜻이야? 좀 자세히 설명해 봐.

치르치르 : 현존재가 세계 속에 있다는 것은 말이야. 세계 속에 있는 어떤 것을 만들든가, 사용하든가, 정리하든가, 관찰하든가, 토론하는 방식으로 세계와 관계를 맺고 있다는 뜻이야. 현존재는 그런 관계를 맺으면서 세계 속에서 생활하고 있어.

하이데거는 현존재와 세계가 맺는 관계를 '관심을 가진다' 라고 표현하고 있대. 그런데 현존재가 세계 속에서 만나는 것은 그냥 사물이 아니라 도구야. 시냇가의 돌멩이를 생각해 봐. 일상생활과 관계가 없을 때에는 우리와 상관없는 그냥 돌멩이야. 그런데 우리가 물수제비를 뜬다던가, 아무튼 우리가 어떤 목적을 위해서 그것을 사용했을 때는 도구가 되는 것이지.

미치르 : 그러면, 오빠 말은 세계 속에 현존재인 인간이 있고, 도구가 존재한다는 말이네?

치르치르 : 그렇지. 그런데 세계 속에는 도구뿐만 아니라 다른 현존재도 존재하고 있어. 바로 내가 아닌 다른 사람들. 우리는 언제나 이 다른 사람들에 대해 관심을 가지고 하나의 공동체를 이루면서 살아가잖아. 그런데 우리가 만나는 사람들은 자신의 존재 의미를 이해하려는 노력보다 일상적인 일에 더 관심을 두는 사람들이지. 물론 우리도 마찬가지였고 말이야.

미치르 : 맞아, 오빠. 그런데 우리가 파랑새를 찾아 주기로 한 날이 언제까지였지?

치르치르 : 크리스마스이브까지 아니야? 그런데 그건 왜?

그때 갑자기 휘이잉 하는 큰 바람소리와 함께 그림자들이 흔들린다.

아이들 : 어어어어!

크리스마스 캐럴이 울린다.

미치르 : (어깨를 들썩인다) 이게 뭐야. 결국 파랑새를 찾지 못했어. 우리는 다이아몬드를 받을 수 없는 거지?

치르치르 : 괜찮아, 미치르야. 대신 우린 더 소중한 것을 얻었잖니?

미치르 : 그게 뭔데? 다이아몬드보다 더 소중한 것이 정말 있다는 말이야?

치르치르 : 그래, 바로 우리의 존재 의미잖아. 요술할멈의 파랑

새는 찾지 못했지만 우리 자신의 존재 의미는 찾았잖니. 세상에 그것만큼 소중한 것은 없단다. 자신의 존재를 망각하는 게 세상에서 가장 위험한 일이지. 그러니까 미치르, 이제 예쁜 옷과 맛난 음식이 없어도 행복할 수 있겠지?

미치르 : 응…….

치르치르 : 그럼 약속했던 맛있는 쿠키를 구워 줄게. 어서 일어나 주방으로 가자.

다시 한 번 크리스마스 캐럴과 함께 그림자들 퇴장한다.

본래적인 존재와 세계 내 존재

친구들은 혁수를 위한 그림자 연극의 대본으로 〈파랑새〉 동화를 빌어서 사용하기로 결정했습니다. 여기에서 파랑새는 하이데거가 찾고자 하는 존재를 의미합니다. 파랑새를 찾아 두 남매가 여행을 떠나지만 파랑새는 결국 먼 데 있는 것이 아니라 자신의 마음속에 있다는 것을 깨닫습니다. 하이데거가 말하는 존재도 사실은 여러분의 마음속에 이미 있습니다. 다만 찾지 못할 뿐이죠. 정신을 살찌운 사람은 자신 속에 있는 존재를 찾을 수 있습니다. 그러나 자기 자신을 잃어버리고 눈에 보이는 것에만 매달리는 사람은 존재를 찾을 수 없습니다.

혁수는 백혈병이라는 위험한 병을 앓고 있습니다. 자신의 존재에 대해 깊이 생각해 볼 수 있는 기회를 가질 수 있습니다. 우리는 혼자 있는 시간을 견디기 힘들어 합니다. 친구들과 함께 있어야 내가 있는 것처럼 느껴집니다. 이럴 때는 내 속에 내가 없고 다른 사람이 들어갑니다. 하이데거는 이런 존재를 어려운 말로 '비본래적인 존재'라고 부릅니다. 주체성이 없는 사람이라는 뜻이죠. 내가 주체성을 가지고 세상을 살아갈 때 비로소 내가 내 생활의 주인이 될 수 있습니다. 하이데거는 이러한 존재를 '본래적인 존재'라고 부릅니다.

  자신의 존재 의미를 깨닫고 스스로 생각하고 판단할 줄 아는 실존이 바로 하이데거가 생각하는 진정한 존재입니다. 자신의 존재를 찾는 여행은 결국 인간 자신의 문제라고 할 수 있습니다.

  현대 과학 기술로 인해 일어나는 환경 오염과 같은 문제도 결국 과학 기술을 사용하는 인간이 일으킨 문제입니다. 하이데거는 현대인을 '세계 내 존재'로 설명하고 있습니다. 인간은 세계와 관계를 맺고 살아갑니다. 그런데 그러한 관계도 세계를 도구로 보는 방식이 있고 세계를 배려하는 방식이 있습니다. 우리는 다른 사람에게 관심을 갖고 배려하면서 살아가는 공동체적 존재입니다. 이러한 사실까지 깨달을 때 존재 의미를 발견할 수 있을 것입니다.

에필로그

　자, 어때? 연극을 보지 않아도 정말 재밌는 연극이었을 것 같지? 물론 연극은 성공이었지. 교회 사람들이랑 간호사 언니, 오빠들은 동화 〈파랑새〉를 어쩜 그렇게 바꿔서 연극을 했냐고 칭찬에 칭찬이 꼬리를 물었어. 헤헤.

　그림자 연극을 하면서 많이 힘들었는데, 칭찬을 받으니까 그동안 힘들었던 건 아무것도 아니더라고. 너무 많이 손을 움직여서 좀 아프기도 했지만 혁수가 정말 정말 좋아했어.

　혁수는 자기 병을 처음 알았을 때 병에 걸렸다는 사실이 너무 싫었대. 평소에 나쁜 짓을 한 것도 아닌데 왜 자기만 이렇게 아파야 하는지 생각하면서 자주 울었다고 하더라고. 하지만 예전에도 그랬고 지금도 혁수는 언제나 씩씩해. 그렇게 아프니까 생명의 소중함도 알 수 있었고, 앞으로 진짜 자신의 존재를 찾으면서 올바르게 살고 싶다고 했거든. 혁수는 우리 연극을 보기 전에 이미 자신의 존재가 무엇인지, 존재 의미를 찾기 위해 어떻게 해야 하는지 다 알고 있었던 거야.

연극은 어떻게 성공할 수 있었냐고? 일단 치르치르의 목소리는 현이가, 미치르의 목소리는 내가 연기를 했어. 현이는 대사를 외우느라, 그림자 연기를 하느라 정말 정신이 없었지. 그래도 실수 하나 없이 잘 해냈어. 정말 그렇게 실수를 하나도 안 하고 완벽했냐고? 흠흠, 이건 우리 연극을 본 사람들만 아는 건데 말이야. 정말 창피해서 얘기 안 하려고 했는데……. 음악을 맡은 사람은 남석이었거든. 그런데 크리스마스 캐럴이 나와야 하는 부분에서 남석이가 실수로 다른 카세트 테이프가 들어 있는 쪽 버튼을 누르고 만 거야. 그래서 무슨 노래가 나왔냐고? 어휴, 그때를 생각하면 아직도 끔찍해. 그때 나온 노래는 너희도 잘 아는 노래일거야.

"쿵짝, 쿵짝, 쿵짜작 쿵짝, 네 박자 속에~."

통합형 논술
활용노트

01 제시문 (가)와 (나)는 삶의 목적이나 자세에 대해 서로 다른 태도를 보여 줍니다. 그 차이점이 무엇인지 설명하고 바람직한 삶의 목적이나 자세는 무엇이어야 하는지 설명해 보세요.

(가)

치르치르 : 그래, 생각해 보면 연약한 인간에 비하여 태양이나 달은 온 세상을 환히 비추지만 자신이 왜 거기에 존재하는지 그 존재 이유를 생각해 보지는 않잖아. 하지만 인간은 자기 자신을 돌아보고 자신이 왜 사는지 삶의 의미가 어디 있는지 고민하는 존재지. 바로 이처럼 자기 자신에 대해 문제의식을 갖고 살아가는 인간의 존재 방식을 '실존'이라고 하는 것이지.

미치르 : 그럼 인간들은 다 실존적으로 살아가고 있는 거야?

치르치르 : 그렇지는 않은 것 같아. 실존은 스스로 생각하고 판단하고 결정할 수 있는 존재라고 했지? 하지만 모든 인간이 실존을 하면서 살아가는 걸까? 미치르 너도 어제 저녁만 해도 다른 애들이 하는 것을 다 따라 하고 싶어 했잖아. 그게 실존을 하는 방식이라고 할 수는 없는 거잖아?

미치르 : (한숨을 쉬며) 그건 그래.

치르치르 : 미치르, 너무 걱정 마. 앞으로라도 실존적인 생활을 하면 되니까. 그 책에는 실존적인 생활을 하기 위해서 어떻게 하라고 나와

있니?

미치르 : 여기에 이렇게 나와 있어 '실존적인 생활을 하기 위해서는 자신이 누구이고 무엇을 원하는지 알고 있어야 한다'고. 그런데 그건 쉬운 일이 아니래. '돈 벌기 위해 직장을 나가는 것도 바쁜데 그런 고상한 생각을 할 겨를이 있겠어요? 생활의 여유도 없이 살아가는 대부분의 사람들이 이러한 처지랍니다. 실존적인 인간이 되기 위해서는 무엇보다도 마음의 여유를 갖고 자신의 일이나 행동에 대해 반성하고 비판하고 생각하는 태도가 필요해요'라고 말이야.

– 《하이데거가 들려주는 존재 이야기》(자음과 모음)

(나)

워셔불이 공손히 말했다.

"나는 다만 우리 같은 것들이 왜 사는지 내게 말해 줄 수 있는 그 누군가를 찾고 있을 뿐이었어요."

원숭이들이 일제히 수군거리기 시작했다.

"우리 같은 것들이 왜 사는지 알고 싶대. 우리 같은 것들이 왜 사는지 알고 싶대……."

"조용히 해!"

대장 원숭이가 고함쳤다. 그리고 주위가 조용해지자 다시 입을 열었다.

"삶의 유일한 목적은 모임이나 클럽이나 위원회, 정당 같은 단체를 만드는 데 있어. 우리도 언제나 그런 모임을 만들고 있지."

"왜요?"

"하나가 명령을 내리면 모두들 그것을 따르는 일이 중요하기 때문이지. 그렇게 하지 않으면 전부 엉망진창이 되어 버리고 말거든. 함께 사는 사회에서 각자 정확한 위치를 확보해야만 되는 거야. 그렇게 하지 않으면 아무 일도 안 되지. 넌 명령을 내리거나 명령에 복종할 수 있니?"

"아뇨……."

"그렇다면 너는 우리와 함께 할 수 없어!"

– 초등학교 6학년 〈국어 읽기〉

02 다음 제시문을 읽고 물음에 답하세요.

(가)

"예를 들면 좋은 음악을 듣는다거나, 좋은 책을 읽는다거나 하는 거지. 그럼 정신이 맑아지고 건강해진다는 것 정도는 너희들도 알지?"

"그럼!"

"근데 우리는 정신 건강에 조금이라도 힘쓰고 있는 걸까? 나는 우리 아빠가 정신 건강을 중요하게 여기기 때문에 책도 많이 읽고 좋은 그림도 감상하지만, 현이 넌 어때? 넌 게임만 하느라 그런 거 안 하지?"

"흠흠. 사실 정신 건강을 많이 돌보지 못했다는 건 인정해. 그런데 존재와 정신 건강이 무슨 관계가 있다는 거야?"

"아름이는 들어 봐서 알겠지만, 바로 요즘 사람들이 정신 건강에 힘쓰지 못했기 때문에 자신의 존재를 잊은 거라고. 존재를 잊어버리고서도 다시 존재를 찾으려고 노력하지 않으니까 현대 사회가 이렇게 메말라 가는 것이고. 무슨 말인지 알겠어?"

"하긴. 요즘 사회는 문제가 너무 많아. 인터넷 뉴스를 봐도 만날 돈이나 욕심 때문에 일어나는 범죄뿐이잖아. 환경 문제도 그래. 왜 우리가 중국에서 불어오는 황사 때문에 마스크를 쓰고 다녀야 해? 너무 싫어."

— 《하이데거가 들려주는 존재 이야기》(자음과 모음)

(나)

숨이 턱턱 막힐 정도로 더운 여름에는 옆에 사람이 있는 것조차 싫어집니다. 해마다 여름은 왜 이리 더워지는 건지. 지구에 일이 일어나도 단단히 난 것 같습니다. 무분별한 소비와 개발이 인간에게 경고음을 보내고 있는 것은 아닐까요?

안심하고 마실 수 있는 물이 사라져 가고, 공기도 더러워지고 있습니다. 점점 더 많은 식물과 동물이 지구에서 자취를 감추고 있습니다. 열대 우림의 55%가 이미 사라졌고, 매년 2만 7천여 종의 동식물이 지구에서 자취를 감추고 있답니다. 하루에 74개 종이, 1시간마다 3가지 종이 멸종되고 있다는 말이 됩니다. 그 결과, 전 세계는 환경 문제와 기상 이변으로 고통 받고 있습니다.

지구 상에서 살아가는 생명체는 인간만이 아닙니다. 인간은 수많은 동식물과 더불어 살아가는 존재입니다. 따라서 인간의 권리만을 생각하고 지구상에 같이 존재하는 자연을 존중하지 않는다면, 인간의 권리도 제대로 보장받을 수 없을 것입니다. 자연과의 조화와 공존을 추구하는 일은 전 인류의 과제일 수밖에 없습니다.

－ 초등학교 6학년《국어 읽기》

1. 제시문 (나)에 나타난 문제가 무엇인지 설명하고, 제시문 (가)와 (나)를 참고하여 그 문제를 해결하기 위한 바람직한 방향에 대해 설명해 보세요.

통합형 논술
문제풀이

01 제시문 (가)의 치르치르는 스스로 생각하고 판단하고 반성하는 실존적인 태도를 바람직한 삶의 태도로 생각하고 있습니다. 다른 사람의 말이나 명령에 무조건 따르는 수동적인 삶이 아니라 주체적으로 자신의 삶을 개척하는 삶을 살아가고자 합니다. 유명한 연예인을 따라 하거나 유행만을 좇고 있는 친구들의 모습과는 다릅니다.

제시문 (나)의 대장 원숭이는 절대적인 권위로 명령하고, 이에 복종하는 삶의 태도를 바람직한 것으로 보고 있습니다. 왜냐하면 사회가 유지되려면 그만큼 권위적인 사회 제도가 필요하기 때문입니다. 그래서 모임이나 위원회나 정당 같은 조직을 만드는 데 삶의 목적이 있다고 봅니다.

권위에 복종하는 삶보다는 스스로 자신의 삶을 개척하는 삶이 바람직합니다. 물론 사회를 유지하기 위해서는 명령과 복종이 필요할 수도 있습니다. 그러나 명령과 복종은 인간의 자유와 주체성을 억누르고 결국 비인간적인 사회를 만들기 쉽습니다. 따라서 주체적이고 자유로운 삶의 태도를 통해서 자신의 존재 의미를 깨달아 가는 데 진정한 삶의 목적이 있습니다.

02 오늘날 환경 문제는 전 지구의 생명을 위협할 정도로 심각합니다. 지구 온난화 때문에 집중 호우와 폭설이 내리기도 합니다. 제시문 (나)는 이러한 환경 문제의 심각성과 해결책을 담고 있습니다. 물과 공기의 오염, 동식물의 멸종, 열대 우림의 사라짐 등을 환경 문제의 예로 들고 있습니다.

제시문 (나)에서는 이러한 환경 문제의 원인은 인간이 자신의 권리만을 생각한 나머지 자연의 권리를 소홀히 했다는 데에서 찾고 있습니다. 따라서 환경 문제도 자연의 권리를 생각하고 인간과 자연의 조화와 공존에서 해결될 수 있다는 것입니다. 왜냐하면 자연의 권리가 보장되지 않으면 인간의 권리도 보장되지 않기 때문입니다.

제시문 (가)에서는 환경 문제의 원인이 인간의 존재 망각에 있다고 봅니다. 정신의 가치를 소중하게 생각하지 않고 물질만을

추구하는 태도 때문에 환경 문제가 발생했
다는 것입니다. 따라서 환경 문제는 정신
건강을 돌보는 일에서 해결될 수 있다고
봅니다. 눈앞의 편리만을 생각하는 것이
아니라 인류의 미래를 생각하는 폭넓은 세
계관이 필요하다는 것입니다.